笳吹弦诵在山城
——西南联大学术风景线

龙美光 ◎ 编

民国书刊上的西南联大记忆

云南出版集团
云南人民出版社

图书在版编目（CIP）数据

笳吹弦诵在山城：西南联大学术风景线 / 龙美光编. -- 昆明：云南人民出版社，2018.12
（民国书刊上的西南联大记忆）
ISBN 978-7-222-17699-7

Ⅰ.①笳… Ⅱ.①龙… Ⅲ.①西南联合大学－校史 Ⅳ.① G649.287.41

中国版本图书馆 CIP 数据核字 (2018) 第 262433 号

出 版 人　赵石定
责任编辑　张力山
装帧设计　马　滨
责任校对　王以富
责任印制　李寒东

笳吹弦诵在山城——西南联大学术风景线
龙美光　编

出　　版	云南出版集团　云南人民出版社
发　　行	云南人民出版社
社　　址	昆明市环城西路609号
邮　　编	650034
网　　址	www.ynpph.com.cn
E-mail	ynrms@sina.com
开　　本	889mm×1194mm　1/32
印　　张	8.875
字　　数	240千
版　　次	2018年12月第1版第1次印刷
印　　刷	昆明琔煋印务有限公司
书　　号	ISBN 978-7-222-17699-7
定　　价	46.00元

云南人民出版社公众微信号

如需购买图书、反馈意见，请与我社联系
总编室：0871-64109126　发行部：0871-64108507
审校部：0871-64164626　印制部：0871-64191534

版权所有　侵权必究　印装差错　负责调换

编者絮语

龙美光

编完"民国书刊上的西南联大记忆"文丛,长长地舒了一口气。这是十五六年来我搜集西南联大文献资料的阶段性成果。

"北清南合,联大花开。"在中华民族八年全民抗战的征途中,联大已成为文化抗战的璀璨星辰。土坯墙的茅草屋内和铁皮顶下,联大人精研学术,读书救国,空前绝后的艰苦环境并未磨灭他们的心志,反而使他们越发奋起,并加速了各项伟大成就的开创。他们说:"只要读书救国好,哪妨菜坏吃不了?"在抗战号角声中,她的诞生与成长,就是如火如荼的全民抗战伟业的生动反映。

美国学者易社强指出,联大的遗产是属于中国的,也是属于全人类的。近年来,美国、日本等国均相继出版了研究专著。在国内,联大也越来越被各界所认同所钦慕,各类文著层出不穷。

不过,需要正视的是,联大的研究更有赖于文献资料的支撑。自联大于长沙肇始以降,已出版的联大时期文献仅有1939年出版的《西南三千五百里》(日记集)、1946年出版的《西南采风录》(歌谣集)、1946年出版的《联大八年》(征文集)、1998年出版的《国立西南联合大学史料》六卷本(档案集),以及2018年出版的《郑天挺西南联大日记》(日记集)等,其他已问世的多为数十年后的回忆与研究。上列诸书,仅有印制恶劣的《联大八年》是联大时期回忆文集,我十几年前得到该书时,就急切地想要为其编一套姊妹书,收录其时在书、报、刊发表过而后未曾在联大专书中露面的一些文字，使人们更深层次地了解联大。随着资料搜集进程的推进，这一梦想如今终于变为现实。

这套文丛中的文字，都是在抗战艰苦异常的环境下联大师生和社会各界人士的真实见闻和真情感知。文丛的近400篇文章，全部采自民国时期付印的数百种书、报、刊，作者群星灿烂，角度各异，内容繁杂，涉及面广，最大限度地忠实保存了联大本真状态，将使所有关注、热爱联大的读者对联大的研究和认识更深入透彻，有助于人们走近走进、研究探讨和学习实践联大文化，更好地弘扬中华优秀传统文化，继承中华文化精髓。

较《联大八年》而言，本文丛收录的文章时间跨度更大，涉及面更广，视角更全面，现场感更强，可读性更佳。文丛体裁多样，以回忆录、信件、日记、评论、报告文学、新闻通讯、诗词等，从不同侧面、不同角度彰显揭示了联大的办学历程和办学精神。编者将这些生动反映联大的文字，依其内容，大略别为九册。其中：

——抗战烽火，学府西迁。《八千里路云和月——长沙临时大学播迁记》载录了全面抗战爆发后，长沙临时大学建校的历程，及其后长沙临大辗转迁徙昆明改称西南联大的历史记忆，翻启联大不可磨灭的史册开篇。

——笳吹不绝，弦歌不辍。《笳吹弦诵在山城——西南联大学术风景线》呈现了联大身处边城，在艰难困苦中坚持学术，弘扬文化，形成联大学府异常活跃的学术风景线。

——爱国阵地，青运先锋。《我以我血荐轩辕——西南联大爱国运动纪》透过团体活动看联大，从不同侧面展示联大的壁报、社团等活动，是联大爱国运动的缩影。

——九州遍洒，黎元热血。《一寸山河一寸血——西南联大抗战救亡曲》反映了联大师生在烽火警报声中，心系家国存亡，积极投身抗日洪流，以投笔从戎等多种形式，谱写的慷慨激昂可歌可泣的抗战救亡曲。

——身处西南，动心忍性。《布东考古布西算——西南联大师生众生相》再现了联大师生克服居无定所、物价暴涨、空袭频仍等穷窘考验,直面生活,致力学术的不屈不挠精神。

——绝徼移栽,问学树人。《绝徼移栽桢干质——西南联大问学拉杂谭》实录了联大作为我国最高学府的联合体,移驻云岭,以学术救国的时代担当,顶天立地,攻坚克难,成为社会文化引领者的风貌。

——导扬文化,壮怀难折。《南渡流难寄山河——西南联大服务边疆志》记叙了联大师生立足云南,脚踏红土,心系山河,深入西部进行社会、人文、自然考察,投身边疆开发的情形。

——中兴大业,更须人杰。《五色交辉聚人杰——西南联大人物风采录》彰显了联大以"大学者,有大师之谓"的恢宏气魄,展现了一代名流巨擘的英才风采谱。

——斯文一脉,如山如海。《刚毅坚卓未央歌——西南联大精神漫笔集》颂赞了联大以三校"不同之历史,各异之学风,八年之久,合作无间,同无妨异,异不害同,五色交辉,相得益彰"的办学气质所铸就"刚毅坚卓"的风骨。

以上九册,虽各有侧重,然而又相互联结渗透,相互渲染补遗,美美相成。无疑,这是一部雄浑壮丽的西南联大纸上纪录片。

为使读者更真切地进入当年的语言环境和文化环境,除了对明显的错讹进行修订外,编者尽可能尊重原文风貌,一律不作改动。例如"那"(哪)、"底"(的)、"化"(花)之类民国时期遣词用字,以至其标点符号,便一仍其旧。

囿于时代局限,有些文章存在对少数民族的蔑称(如"夷人""罗罗""倮倮""苗子"等),以及对少数民族风俗习惯的误读讹传(如知识落后、手段野蛮等),但这也是当时社会历史的真实写照,为了有助于民族史社会史研究者,多未作更动。文丛也容纳对联大的各种批评甚而误解,这些不同的声音,恰恰反映了联大包容万象的一面。

有人说抗战时期最有效率的两个机构，一是西南联大，一是速记学校。而这套文丛的编辑却历经七年才告完成，相较联大真是效率颇低，甚感惭愧。文丛编辑之初我新婚的妻子刘仁芳参与录入大量文字，时小儿龙景湘正于母腹中孕育，如今孩子已在迈向小学新生的路上，九本小书才呱呱坠地。文丛编竣付梓，似乎自己也置身联大之中，与师生们一起在警报声中抢时间、抢洗脸水、抢饭菜、抢书籍、抢座位、抢听讲演、抢出壁报、抢泡茶馆，与他们一起创造无与伦比的西南联大故事。

文丛的编辑出版，得到了云南师范大学和云南人民出版社的鼎力支持。成书过程中，西南联大研究专家，有关方面的师友、同事、学生，以及云南大学秦树才教授团队助力编校工作，使得此书能够顺利付梓。谨此一并致谢！

文丛自2011年启动编辑工作起，即通过微博等多种方式查找书中作者的联系方式，但至今为止，有关的信息反馈寥寥。在此特别拜托文丛的有关作者及其亲属与编者联系。

当然，有关西南联大的战时文字不止这九册的规模。不算西南联大师生在战时撰写的著作、文论、报告等等，单就讲述西南联大故事的文字而言，笔者手中尚有十数万字未及整理，其后或有增补或续编，敬请读者诸君期待。由于编者水平所限，加之许多民国文献印刷模糊难辨，缺点错误在所难免，祈望学界同仁和广大读者不吝赐教！

二〇一二年七月，写于昆北盘龙江畔
二〇一六年六月，改于西南联大旧址
二〇一八年十一月，定稿于云南师大呈贡校区

目 录

编者絮语　龙美光

抗战期中之清华　梅贻琦// 001
抗战期中之清华（续）梅贻琦// 008
抗战期中之清华（二续）梅贻琦// 013
抗战期中之清华（三续）梅贻琦// 020
抗战期中之清华（四续）梅贻琦// 028
抗战期中之清华（五续）梅贻琦// 038
复员期中之清华　梅贻琦// 046
昆明学府近影　毛文贤// 051
联大在昆明　空　云// 056
联大剪影　卢飞白// 059
在叙永的西南联大　欧阳青// 066
西南联大在叙永　萧成资// 069
蜀道难·叙永的一周间　罗常培// 072
联大分校在叙永　包　威// 078
西南联大在昆明　树　玉// 081

国立西南联合大学概况　周福明// 084

西南联大剪影　江　帆// 088

告投考西南联大者　方　力// 091

可爱的联大
——献给未来的新同学们　联大航空系一九四三级级会// 095

联大介绍
——献给欲投考联大的同学们　联大云南同学会工学院分会// 102

我们眼里的西南联大　联大联风社// 104

回忆西南联合大学　履　之// 117

中国的"牛津""剑桥"　丁　芬// 120

生气蓬勃的西南联大　郭一民// 122

在昆明　章廷谦// 125

昆明点滴　凤　子// 131

昆明印象　陈　达// 137

从凄凉环境中以求知识　联合社// 140

漫谈北大清华西南联大的学生生活　祝　枝// 143

新文学在大学里
——《大一国文习作参考文选》序　杨振声// 147

抗战期间昆明西南联大附中的国文教学　刘泮溪// 150

西南联大的法律研究所　赵凤喈// 157

南开卅周年纪念会参观归来　《益世周报》记者// 161

南开校友春季大会（节选）　勾适生// 165

从文艺晚会说起　罗常培// 169

今日西南联大之情形　清华土木工程学会// 174

读《性心理学》　孟　琨// 176

战时的昆明（节选）　张柳云// 181

九年来昆明大学教授的薪津及薪津实值　杨西孟// 184

为征募清华服务社股本致清华大学校友书　潘光旦// 188

中国的文化新阵地——云南

——调查迁滇学术文化团体记（节选）　罗奉先// 197

赴滇考察西南大学教育报告　朱有光// 204

八年来云南之植物学研究

（民国二十七年至三十四年）　余德浚// 213

战时中国西南部科学之发展　[英]李约瑟（L.Jasph）// 227

联大：学府花絮　逶迤 枫等// 241

联大风光　佚　名// 247

华莱士在联大及其他　L.M // 252

昆明联大学生动态　Mrs.Rose Terlin // 254

昆明联大二三事　佚　名// 256

今日的昆明　张希龄// 258

大学教育在昆明　民革社// 260

西南联大要搬家了　俞　冬// 262

再见，昆明（节选）　小　鱼// 264

迎北方之子

——献给西南联大朋友　李紫尼// 268

// 抗战期中之清华

梅贻琦

一

自卢沟桥事变迄今已二十三个月矣。在此期间，吾校之所遭遇固多有与他校相同者，然吾校校舍之被敌人占据摧毁，同人南迁后之艰苦维持，与夫目前校务之推进状况，凡我国人，必欲闻其详。今兹所述，犹虑未能详尽。盖前年夏间，琦因事赴京，七七变作，即未能再返清华园。关于园内经过情形，皆同人事后南来或通信相告者。虽其间详略不齐，或近琐屑，然皆目睹心伤，垂涕而道者也。

本校因地处平西，毗连宛平，当七七之夜，敌人进攻卢沟桥，枪炮之声，校内清晰可闻。斯时正当暑假，一二三年级学生在西苑兵营集中受军事训练，四年级已毕业学生，为谋职业及准备研究院与留美公费生考试，留校者约二百余人，教职员除少数南下参加庐山谈话会与作短期旅行者外，大部分仍留校中，对于时局演变，严切注意，校内秩序，则力予维持。自七月八日至二十七日，地方当局，举棋不定，谣言繁兴。迨二十八日我军后撤，北平遂于二十九日沦陷矣。当二十八日晨，敌机大举轰炸西苑，同日午前，二十九军与敌战于沙河，炮弹有落入园内者；迨二十九日我军退出北平之讯证实，留校同人，乃纷纷向城内迁徙，学校情形，斯时最为惊慌。盖敌军所在，已去本校不远，随时有窜扰之虑。斯时也，琦已由庐山到京，因平津交通中断，无法北上，除与校中同人函电询商外，日惟向京中各方探取消息，每闻及沙河激战，西苑被炸，念我介乎其间之清华校园，不知被破坏至何程度矣。某日报中载有清华学生二百余人在门头沟附近被敌人屠杀，更为焦急。凡兹传闻，虽事后幸未证实，然在当日闻之者，实肠一回而九折也。

七月二十九日下午三时，即有敌军至校内穿行。尚无若何举动。但以后来者益多，应接不暇。校中同人，于八月中决定疏散办法，并组织保管委员会，保管校产。九月十二日，日本宪兵队带俄籍翻译来本校搜检。凡校长办公室，秘书处，庶务科，学生自治会会所，及外籍教员住所，均被搜查，旋封闭学生自治会所及葛邦福先生住宅而去。

十月三日，日本特务机关人员及竹内部队长来校参观，临行将土木系之图书，气象台之图书，仪器，打字机，计算机等，用大汽车装载以去，是为敌军自由窃取本校什物之始。至此每日参观,每日攫取,虽经保委会交涉制止,全无效果。

十月十三日,敌军实行强占校舍,此批军队,即为卢沟桥事变祸首牟田口部队。占住之房舍,为工学院,办公楼,工字厅,甲、乙、丙三所,女生宿舍,二院宿舍,大礼堂等处,是为敌军驻入本校之始。斯时在本校保管人员,被逼退至学生宿舍"四院"。

二十七年一月二十日,敌军又要求迁移科学馆,生物馆,化学馆为驻兵之用,中间几经交涉,终于二月初强逼搬完,并限校内员工,一律迁出旧校门,保管人员退住旧南院,自此以后,旧校门以内情形,不堪言问矣。迨至八月中,敌军驻本校者增至三千余人,又将校外住宅区占去,即保管委员住之旧南院,亦被侵占,于是清华园内,遂不复有我人之足迹矣。今年春,有新自北平来者谈及园内情形,云图书馆已被用作伤兵医院,新体育馆,生物馆用作马厩,新南院用作敌军俱乐部,各馆器物图书,取用之外,复携出变卖,有时且因搬移费手,则随意抛弃或付之一炬者。夫敌人之蓄意摧残我文化机关,固到处如是,清华何能例外。虽然,物质之损坏有限,精神之淬励无穷,仇深事亟,吾人宜更努力灭此凶夷,待他日归返故园,重新建设,务使劫后之清华,益光大灿烂,斯琦于缕述清华情形之余,愿与国人共勉者也。

二

自北平沦陷，战祸延长，我政府教育当局，爰于八月中命本校与北大，南开合组临时大学于湖南省会之长沙。琦于八月底赴湘筹备，为谋本校员生来湘之便利，商托天津，南京，上海，汉口四处同学会，一方举行登记，一方指导行旅。斯时也，我校员生家属之来询问其子弟消息者，函电纷驰，亦赖各处登记报告，得知行止，各处同学会之热心帮助此项工作，至可感佩。长沙临时大学赁得校址于湘垣圣经学院，乃于十一月一日开学，本校学生到者六百余人，教职员到者百八十余。烽火连天，弦歌未辍。虽校舍局促，设备缺乏，然仓卒得此，已属幸事。本校原在长沙河西岳麓山南起建房舍，最初计划，原为各研究所在湘工作之用，兹三校南来，爰由本校扩大建筑，由二所增至六所，预计可于二十七年春间完工。乃敌人破坏计划，渐及我后方，长沙虽去前线尚远，亦因空袭时来，渐感不安。二十七年二月，临时大学又奉命迁于云南省会之昆明，四月底全部到达，改名为西南联合大学。本校学生到者六百余人，同年七月毕业者二百余人，教职员除由湘随来者外，由平南来者，又增数起，共达二百人以上。关于西南联合大学之组织，可约略述之者。在行政方面，由常务委员会主持全校事务，常务委员，以三校校长任之，合秘书主任为常务委员会。常务会之下，设教务，总务两处，每处各设若干组，分司经常行政事务。此外另设工程处，办理建筑校舍事宜。（目前联大所用房舍，全系租赁或暂借性质，布置上既感不便，计划上亦时虞变迁，故不得不自筹建造简单之校舍，以应自身之需要。）在教学方面，院系之分设，系参酌三校原有情形，共分四院，文，法，理，工；十八学系，中国文学，外国语文，历史社会，哲学心理，物理，化学，生物，数学，地质地理气象，法律，政治，经济，商学，土木，机械，电机，化工，航空。去夏复遵部令，设立师范学院，以教育系并入该院。今年二月，在电机系附设电讯专修科，期以较短时间（一年半）造就电讯技术人才，备国家抗战之用也。联大经费之来源，系北大，清华原定经费之四成，及南开应领教部补助之四成拨充，合计每月不足八万元。在开办之初幸得管理中英庚款董事会及中华教育文化基金董事会之补助，图书，仪器，稍稍添购，但因外汇涨价之故，所能购得者，质量均尚差甚多。至建筑费，则系以中基会补助费之一部，及三校节余之款，凑合共得二十万元左右，当此工料均贵之际，联大建筑之力求简单，一因符抗战节约之旨，而亦因经费所限，不得不然也。自去夏秋季，学生人数骤增，课程设备，一切均有增加，联大每月经费，遂益感不敷，幸于二十八年度经商准教部以上半年清华节余之款拨助，每月可增一万五千元，至设备方面，清华除以前（三年前）由平南运之器物尽量供用外，清华在滇所设各研究所，在可能范围，谋与合作，于联合教学之需要，亦可稍有补助耳。

三

至清华之事业，近年以来，吾人在平时即认为学校在充实大学本科各系之外，应并注重于研究工作之推进，故南迁以后，除农业研究所（原设清华园）、航空研究所（原设南昌）、无线电研究所（原设汉口、长沙）均次第迁设昆明外，更因地方与时势之需要，于去秋添设国情普查及金属学二所。凡此五所，现均布置大致就绪，工作已有相当进展。虽设备方面，一时因经费与时间所限，未能尽敷工作之需要，但同人之努力，益形紧张，以求适应环境，于抗战期中对国家多少有所贡献。盖吾人以为研究事业特别在创始之际，规模不宜扩张，贵在认清途径，选定题材，由小而大，由近而远，然后精力可以专注，工作可以切实，至于成效，虽不可预期，然积之既久，必有相当之收获也。

清华留美公费生，自前年夏间，因战事关系，暂停考送，以前派出留学欧美者，现尚有四五十人，各生成绩，均甚良好。抗战以来，尤知奋勉，学校虽于经费困难之中，仍设法维持，使于学业各能有所成就，但川资及生活费两项，已酌予减少，一以节省用费，一以使诸生知与校中同人共甘苦也。

此外，关于母校情形欲为各校友述之者，尚有庚款停付之问题。盖自本年一月，财部当局因海关收入十九为敌人所扣留，遂将庚款债款，（为关税担保者）一律停付。本校经费，一时遂竟无着落。庚款停付之事，在民国二十一年三月至二十二年二月之间，政府曾有是举，当时学校赖有财部拨垫之款，未致中断。此次政府之出此，其困难必更甚于前。但学校之各项事业，同人之所日夜努力者，亦实国家抗战后方重要工作之一部，而在建国因素中，尤不可废弃，故吾人深信，政府当局，亦必有维持之办法。最近已商请教部转呈行政院长，准令拨垫，虽详细办法，尚未确定，但校务之得继续进行，约可无虑也。

选自《清华校友通讯》一九三九年五月第五卷第三期，《教育通讯》一九三九年第二卷第二十三期

// 抗战期中之清华（续）

梅贻琦

昨岁四月，在《清华校友通讯》五卷三期上发表《抗战期中之清华》一文，为我校友叙述抗战中之母校情形，想各校友业经阅及。岁月不居，韶华易逝，兹忽忽又一年矣。琦乘此母校廿九周年纪念之日，再将此一年中学校情形，缅述大略，想为我亲爱校友所乐闻者。

一

抗战迄今，为时两年又九月，我整个民族在此艰难困苦奋斗中，已使敌人陷于不拔之域，失地虽未尽复，前途实具乐观，吾辈重睹"水木清华"之日或不远矣。据最近所得平中消息，清华园情形，仍如昨岁所述，工学院、办公楼、工字厅、三院宿舍，甲、乙、丙三所，女生宿舍，新南院等处，仍为敌军盘据，新体育馆、生物馆被作马厩如故，图书馆、化学馆、科学馆、四、五等院宿舍，则尽作伤兵医院，伤兵有时多至二三千人，各处零星器具，时被盗卖。独图书馆书库，闻大部尚未遭殃。本校留平之保管人员，局居城内，园内情形，未能过问，间遇旧校工来自园中者，探知一二耳。本校长沙岳麓山麓之建筑，已全部完成。前年长沙大火，昨岁湘北会战，本校建筑依然无恙，校址中一部分农产物，且获丰收，此堪为我校友告慰者。自来昆明，瞬息两载。学校办公处所，大多系租民房，差敷应用；独各研究所自在昆成立，因所址不定，一再迁徙，殊感不便。去春租得本省农场百余亩，一部作农研所实验之用，一部备为二三研究所建造之需，但近来工料特昂，所能造者不过茅屋数十间，差敷研究工作之用而已。

二

西南联合大学情形，自二十八年起，学生人数遽增至三千余人，本校旧生计三一六人。上学年终本校学生毕业者一六七人。抗战期中，本校三批毕业生，计二十六年二五六人，二十七年二〇七人，二十八年一六七人，共为六二三人，皆能在此大时代中为国家服务，亦堪嘉慰者。联大在昆明大西门外新建校舍，已全部完成，但其教室及宿舍之容量，尚不及全校所需之一半；此外则总办公处，仍须设工业学校内，而昆华中学及昆华师范之一部，仍须租作教室及宿舍之用，工学院则仍设城东迤西会馆,自去春租得附近之江西会馆,而工院各系之实验室得以布置,今已粗具规模矣。至联大行政上之组织,院系之设置,均无改变,一如昨岁所述。经费方面,今年较去年经临总数,增加十六七万。但因学生人数之骤增,各物价格之飞涨,入不敷出,反较去年为甚。学校设备,两年来,幸得中基会、英庚款董事会及教部分批之补助,陆续购置,外有清华由汉运渝,由渝转滇之器物,尽量供用。最近南开之一批书籍仪器,不久亦可运滇,则普通教课上之参考与实习之需要,可以勉强应付,尤以工学院增设实习工厂,接受外间委托制修物件,使学生参与实际工作,收效最多。盖自二十六年秋,迄二十七年春,长沙临时大学时代,学校情形,可谓最坏。校舍一再迁移,师生转徙数千里,其间颠沛流离,困苦难状。经两年来之惨淡经营,校舍既定,设备渐充,学生程度,亦年有进步,三校原有之精神,已潜滋默化融洽于整个联大之中。斯琦于叙述学校情形之余,所至感欣慰者也。

三

至清华之事业,五研究所(农业、航工、无线电、金属学,及国情普查)之成立,已于上年报告中,略述梗概。一年以来,各所工作,均极努力,各有若干之成就,其进行之详细状况,将逐次在《校友通讯》上发表,兹不赘述。吾人常以为学校之任务,在为国家培育人才,然培育人才,未可咄嗟立办;而我国家又正值需才孔亟之秋,吾人于此在推进各研究所工作外,就政府需要,与有关部分合办二事,一为云南水力之探勘,一为公路研究之实验(一为资委会,一为交通部)。斯二者由合办机关供给一部分经费,本校则贡献其人才与原有设备,合力进行。前者已获有相当结果,并为有关机关采用;后者虽开办未久,工作颇为紧张,预期于将来公路修造问题上,必能有所贡献。清华留美公费生,自二十六年夏停止考送,瞬将三载,以前四届派赴欧美学生,皆将陆续满期归国。吾人固知抗战期间经济之困难,吾人尤知建国事业需才之迫切,不及今储才备将来建国之用,后将有才难之感,爰于今春请准政府,自今年起,继续招收留美公费生二十名。考选门类,又一切章程,均已拟妥,定于今夏八月举行考试。此外更自今夏起,加设留美自费研究生奖学金十五名,每名年给奖金(美金)四百元。凡此虽当学校经费不裕,外汇难得之际,皆以仰体政府求才之殷望,勉继吾校三十一年以来所负之使命耳。虽然此究需费较巨,名额有限,效用未宏,揣诸实情,亦非长久之计;本校为此,爰自二十八年夏间恢复研究院,裨一般大学生有深造之机会。除原有各部门外〔文科研究所:(一)中国文学部,(二)外国语文部,(三)哲学部,(四)历史学部。理科研究所:(一)物理学部,(二)算学部,(三)生物学部〕更增加工学院之土木、机械及航空、电机三部,去夏共收新旧生二十五名,政治、经济二部及化学部,则因设备未完,暂未招生,今夏当视各该部情形,酌为恢复。

四

　　清华本身事业，具如上述，其有为各地校友经办之事业，而又经本校赞助者，如贵、渝、蓉等地之私立清华中学是。原各地清华中学其经费、组织，皆由各地创办校友，着手进行。经过相当时期，办有相当成效，经本校酌于可能范围（不牵动本校经费预算）予以人力物力上之帮助。本校历届招考新生，投考者累千，录取不逮什一，一般中学程度之低落，无可讳言。夫中学阶段，为学校教育之中坚，大学之基干，此而未臻健全，此而或有缺陷，大学教育实未易推进我各地校友，本此方针，致力于中学事业，斯琦所最感兴奋而极愿予以赞助者。虽然，此数中学者，皆创立于抗战军兴之后，后方中等学校之需要，骤形迫切，同学诸君为济此需要，毅然为之，不畏困难，刻苦维持，此与抗战精神，同可钦佩。但一旦战局平复，各地情形，在教育需要上将大有变更，则此数中学，应否皆继续维持，而自人力物力方面言之，能否皆继续维持，凡此种种问题，不可不于今日辛勤推进之余，一为念及者也。虽然，吾人做事，手已把犁，义无反顾，在今日只有奋勉前进，成败听之将来可也。

　　选自《清华校友通讯》一九四〇年九月第六卷第五期，《教育通讯》一九四〇年第三卷第十五期

抗战期中之清华（二续）

梅贻琦

自本校迁来昆明，瞬逾三载，前、昨两年，琦曾将本校在抗战期中之大略情形，写成《抗战期中之清华》一文，揭载《校友通讯》上，想我校友诸君当已阅及。兹忽忽又一年矣，抗战前途，日趋胜利，而本校之成立，亦届三十周年。吾人缅怀往昔，体念来兹，宜如何兴奋而愉快。窃愿仍循往例，在此校庆日，将过去一年间之本校大略情形，写成《抗战期中之清华（二续）》一文，再为我校友诸君告焉。

一

清华园情形，过去一年中，几无报告前来。沦陷三年零八月之校园，尽为敌兵占作营房马厩，虽未被尽夷为废墟，要已荆棘满地，他日胜利归去，纵金瓯无缺，修葺补罅之功，将亦煞费经营矣。再本校在长沙岳麓山麓之建筑，原为特种研究之用，经始于抗战之前，嗣因临时大学成立于长沙，稍加扩充巨厦六幢，先后于二十七年春初完成，而临时大学又迁昆明，遂未住用，仅堆积少许器物而已。乃敌机既于二十七年四月轰炸一次，震坏楼顶数处，复于昨岁九月三日及今年三月三日，两次对此空屋，大举投弹，巍巍建筑，屹立如故，仅东楼墙角略受损伤及少数窗门间有破坏，旋即酌予修复。敌人之摧残我教育，此不过其一端，而我长沙校舍倘非借岳麓为之屏障，则其所受之摧毁，恐必不只于此也。本校在昆明年来亦有小部建筑完成，为农业研究所、无线电研究所、金属学研究所之用，地点在昆明北郊，房舍皆为简单平房，只以使各项研究工作在城郊得以稳定进行而已。

二

本校与北大、南开合组西南联合大学——初为长沙临时大学——自二十七年春间，迄今恰已三年。联大情形，院系组织，一如昨岁所述，五院二十七学系，学生人数，增至三千人。在敌人进占安南，滇境紧张之日，敌机更番来袭，校舍被炸之下，弦诵之声，未尝一日或辍，此皆因师生怵于非常时期教学事业即所以树建国之基，故对于个人职守不容稍懈也。自昨岁秋间，因滇边紧张，联大奉到准备迁移之令，经二、三月之筹划，乃于四川叙永勘定校址，作一年级新生（近七百人）上课之地，是为联大分校；二、三、四年级学生仍在昆明，除工学院仍在城东迤西会馆、江西会馆及全蜀会馆外，文、理、法三学院，均集中于自建之新校舍内上课；总办公处亦于去冬迁至新校舍；惟师范学院自去年十月旧址被炸后，迁于昆华工校新楼之东区。凡此各部校舍，类多因陋就简，但于图书馆、系图书室、实验室等部，则尽量使之充实，以使教学工作维持相当水准，不因环境困难，而草率从事也。此外，联大研究院仍由三校依分工合作之旨，负责办理。清华部分，计设国文、外国语文、历史、哲学、物理、化学、算学、生物、政治、经济十部，本年计有新旧研究生二十四人。工科之土木、机械、电机三部，亦于二十八年夏设立，但去夏投考者，成绩较差，未予录取，故本年未有研究生。

三

清华自办之事业，五研究所次第成立（农业、航工、无线电、金属学及国情普查）亦有年矣，工作计划，逐步实施。此五研究所者，皆为我国家迫切需要，故不仅吾人本身兢兢业业，不敢稍懈，即社会人士所期望者，亦至弥切，惟以研究之事难期速效，且有涉及国防，未便缕述。兹可得而言，且为各研究所去夏报告所未提及者，国情普查研究所之《呈贡人口及农业调查》初步完成，近又推广及于邻县。农业研究所之《云南经济植物之病害调查》亦告竣事。航研所近与中研院气象研究所合作，对于昆明附近高空气象进行探测。此外，另与政府有关机关合办二事：一为云南水力之探勘，一为公路研究之实验。前者已勘妥一处之水力为有关机关所采用；另作其他一处之探勘矣。后者，初步研究，已有相当结果，现方拟进一步作较大规模之实验。凡此仅由合作机关供给一部分经费，本校则贡献其人才与原有之设备。政府最近曾命令各学校应就学校所在地，尽量与当地有关机关合作，以本校过去经验言，此实事半功倍之举，今后本校仍当尽其所能，以增进其贡献于国家、于社会。

四

清华留美公费生，昨岁八月举行招考，是为二十六年停办以来之第五届。办法一如往年，先由校呈部，组织考选委员会，委员九人，除本校校长任该会主席外，另聘本校教授三人，校外专家四人，及部派代表一人；所有考试规则、录取标准，以及各科命题、阅卷之人选，悉由该会决定。至命题阅卷者，计共聘四五十人。但除国文、英文由本校教授评阅较为便捷外，在其他门类科目，则尽量向校外征聘。本校教授参与评阅者，仅占有三分之一。考试地点初拟分港、渝、昆三地举行，旋因敌人进占安南，港地积极设防，疏散居民，本校只得将香港一区临时取消。为便于平、沪一带应试者得转地应考，特将报名期限展缓两周。在考试时，渝区曾遇空袭，幸事先有所准备，得能按时考试。两地应考者共四百余人，考后因命题、阅卷人散居各方，邮寄又多迟缓，各科试卷，于今年二月中始全部汇齐，比即开会决定，录取汪德熙等十六名，其中造舰、枪炮、水力发电、航空（发动机）四门，因应试者全部成绩欠佳，暂付阙如。录取各生，已分别为聘定导师审定计划，希望能在本年六七月间赴美，此十六名录取名单另载本刊《通讯》中。留美自费生津贴办法自去夏试行以来，申请者甚多，成绩优良者亦复不少，但因限于名额，未能尽予津贴，至感遗憾。溯自二十八年一月，政府将庚款暂行停付，本校经费只以基金利息拨充，收入因而锐减。而自去年仍行恢复考送留美公费生及津贴留美自费生二事者，实因自抗战以来，专门人才需要迫切，而清华派遣留美学生，向为其特殊事业之一部分，故虽在经费困难，乃至借款补充之今日，不得不勉力筹办，以符政府之期望，而应社会之需要耳。

五

由本校校友主办之清华中学，已详具昨岁所述。现下计有重庆、贵阳、成都三所，皆经过相当时期，办有相当成效，本校酌于可能范围（不牵动本校经费预算）并斟酌各所情形，予以人力物力上之帮助，而三处校友，亦能协力同心，培此基础未固之中学，至堪嘉慰。最近桂林同学分会、西安同学分会，先后提议各就所在地举办中学一所。各地同学热心当地教育事业，此实最好现象，允宜力予鼓励。惟琦以渝、筑、蓉三地中学经过之困难，不能不提示桂林、西安两地同学，请于着手举办之先，对于经费、校址、校董人选三者务须有充分准备。经费不充，则无以为继；校址不定，则学校难久；而校董人选倘无地方上热心人士参加，则校务亦不易维持。故愿诸同学详慎考虑，倘对以上三点无十分把握，切勿轻于尝试，否则今日之一片热忱，反造成来日之困顿，诚可惜也。昨岁昆明同学分会，提出"一个建议"，揭橥六端："（1）如何策应建国大业；（2）如何团结校友；（3）用新的方式发展同学会；（4）把学术研究结果付诸实施；（5）我们可做事业；（6）我们如何去做。"其详细计划，刊在《校友通讯》六卷十二期上。又渝、筑两地同学分会为母校成立三十周年，又值周寄梅先生六十大庆，及琦服务母校二十五年，倡导征募六十万奖学基金运动。凡此二事，规模较大，允宜经全体校友共同商讨。琦所能在此致其一己意见者，则来年校友诸君，多能致力于福利社会国家之事业，同学会原为联络同学间感情之组织，兹欲借此组织在联络感情外举办如许巨大计划，此实创同学会未有之先例，此实扩大同学会之功用，用意实可佩慰。惟所应熟虑者，以目前国内交通情况，抗战局面最近尚难结束，以及各地校友经济之困难，此种计划稍缓时日以图之，似更易于成功尔。

六、纪念母校成立三十周年

母校成立，今年恰为三十周年。琦自一九〇九年（宣统元年），应母校第一次留美考试，被派赴美，自此即与清华发生关系，即受清华之多方培植。三十二年来，从未间断，以谓"生斯长斯，吾爱吾庐"之喻，琦于清华，正复如之。今日清华校园沦陷在敌骑之下，举校同人流离于西南边隅，勉强工作，北返无期，偶一回思，心伤靡已。值母校成立三十周年，允宜扩大庆祝，但国难校难，夫何庆祝可言！无已，则惟有以吾辈工作之努力，作母校纪念之贡品，爰与同人商定，恢复本校原有之四种刊物：一、《清华学报》，二、《理科报告》，三、《社会科学季刊》，四、《工程季刊》。另于纪念日前后，举行一周之学术讨论会。凡此措施，一以尽吾人学术救国之责任，一以寄对于母校之忧思耳。纪念之日，各地同学，当均有集会，希于欢庆之余，亦各以尽力职守之决心，作贡献母校之最上礼品，则他日母校之光荣，其清其华，不系乎一园之水木矣。

选自《清华校友通讯》一九四一年四月第七卷第一期，《教育通讯》一九四一年第四卷第十九期

// 抗战期中之清华（三续）

梅贻琦

抗战军兴，我校避地南迁，于今为第五年；我校于昆明举行周年纪念，此次亦为第五届，且可望为最后之一届。盖去年十二月八日太平洋战事之开始，实为我国抗战胜利之转机；而旬日前东京之轰炸，亦即敌人势力崩溃之肇端。则一年之后抑或半年之后，敌我消长之势必更大见，而我军修复燕京之日，当亦即我校重返故园之时，然则明年此日，此跄跄跻跻者安知不重见于水木清华之工字厅耶？言念及此，已不禁"漫卷诗书喜欲狂"！兹将我校一年来之校务，为我校友诸君作一简短之报告，曰"抗战期中之清华"者，仍其旧也。

一、故园之情形

据最近由平南来校友叙及，清华园仍为敌人占作伤兵医院。大礼堂中一部分之座椅最初曾遭破坏，迨敌人亦用以为集会之所，始研究续予损害。图书馆之出纳部分为会客室，阅览室为食堂，书库内藏书，西文书之贵重部分被掠一空，运往敌国；中文部分近年出版之各种期刊，悉遭焚毁。其他中西典籍，于去秋扫数移至伪北京大学，于是插架琳琅之书库，已告一空矣。生物馆之东半已沦为马厩，后进课室，为酒排间。化学馆所受摧残最烈。工学院全部机器，被运去南口修理厂，专供敌人修械之用。新南院住宅区，竟成妓馆。旧工友零散，留者仅二人，旋被逼一再输血，死于非命。去年中条山之役，敌人自该区掳去我军官数人，现亦囚于园内，再三被逼作无聊之广播。凡兹所述当不逮真想（象）之什一，已足以令吾人痛心疾首矣。

二、播迁期内之学校建筑

本校长沙岳麓山麓之建筑，去岁第二次、第三次湘北会战时，均遭敌机投弹，略有损坏，但已次第修复。他日者，校友倘道出长沙，参观若干次伟大之战绩，我岳麓山麓之校舍，亦足供诸君之盘桓也。本校在昆明西北郊之建筑，一年来亦略有增益。现研究所第一部之大部分，及第三部、第四部之全部，均在彼工作。去年又复在东北郊建屋数椽，专为研究所第二部之用。本校办事处所租用之民房一所，昨岁八月十四日敌机狂炸联大新校舍及昆明西北城一带，办事处四周落弹甚多，其东院为余与家人分住者，直接中一巨弹，致全部倾圮，私人什物，亦略有损毁。西院之办事处，被波及者，仅门、窗、屋瓦及一部分墙壁，公物均获保全，诚不幸中之大幸。该院各屋旋经修复，仍勉敷各部办公之用。办事处之移设于此，于今亦且三年余矣，今人每好言迁地为良，苟不知其为良实不若不迁之为愈也。

三、西南联合大学之情形

西南联合大学由五院廿七学系，及其他部分组织而成，一如昨岁所述，无烦再赘。本年学生人数，将及三千人，原在叙永之分校，亦于去秋因一年级生归来升学之机会，全部移回。自敌人进占安南，昆明已由后方转成前方，迨太平洋战起，星洲沦陷，敌人进窥缅甸，昆明局势益见紧张，然而幸职教同人均能闹中取静，持之以恒，故一切计划，尚能按步进行。师生之一部分且能抽暇直接间接为抗战工作努力。同学中应征入战地服务团及航空学校者，为数亦复不少。由西南联合大学毕业之学生数，四年来亦年有增益，去夏毕业者共三〇六人，而由清华毕业者，去年亦有九一人。

联大之研究院系由三校各就原设所、部招生训练，在清华所、部者本年共有三一人，在书籍、仪器极度缺乏下，学生研究精神，尚属良好。窃念目前海外交通困难，大学生毕业后欲求深造者，将惟国内各大学研究院是赖，如何充实研究院之师资与设备，实为校中要图之一。最近教部允拨联大廿四万元作研究院补助费，清华方面亦拟筹拨廿五万元作三校研究补助之用，联大同人之研究工作，可有更多之进展矣。

去年八月十四日，联大自建校舍遭敌机大批轰炸，落弹至数十枚之多，其间凡常委办公室及事务组、出纳组、图书馆书库一部分、理院试验室数间均被炸平，学生宿舍亦有四分之一被毁，经月余之赶工修理，幸终能于预定日期内照常开学。去年八月十日至十五日为敌机进袭昆明最猛烈之时期，而十四日一日似专为摧残我联大而来，但除校舍一部分被毁外，师生数千人均经安全疏散，无一死伤，诚属大幸。

联大自建校舍，容量有限，工学院仍在城东，租用会馆三所，师范学院租用昆华高级工业学校校舍，一年级新生租用昆华中学新建校舍之一部。工学院而外，文、理、法、师范四学院现均集中于西北郊，尚感便利。

四、本校于参加联大外之事业

本校所设立研究所，各按既定计划，逐步进行，大致具如昨岁所述。研究第四部国情普查部分，今年接受内政部一部分经费补助，与本省民政厅合作，组织一户籍示范委员会，举行环湖四县一市人口普查，动员昆明全市及四县县内小学教员，先予初步训练，继则着手调查，目前调查已将完毕，统计工作即将开始。此项比较大规模人口普查与人事登记，所及人口多至七十万人，在国内尚属创举，将来所得结果，将拟具详细报告，提供内政部为他日举行全国普查与人事登记参考资料。其它各所研究工作，均照常进行，惟图书设备添置困难，不能有充分之进展耳。

本校派送留美公费生，廿九年秋恢复举行招考一次，是为第五届，计录取十六名，已于去夏遣送出国。其中仅两人，一因砂眼，在港疗治，一因由闽去港，道路迟滞，值太平洋战事骤发，致均未得成行。第六届考试，本拟于今年继续办理，一切组织门类，均经教部核准，考试日期及地点，并已登报通告，旋亦因太平洋战事发生，只得展缓举行。

自美国封存各国资金后，本校大部分美金全陷冻结，待太平洋战起及我国对日宣战，本校所赖以维持之基金利息，已告断绝。近年来，本校经费一部分即赖借贷维持，现下全部将唯借款是赖。凡此情形，自须待战事结束后，始能重加调整也。

五、校友举办之清华中学

我渝、蓉、筑三处校友热心举办之清华中学，现均颇著成绩。昨岁起，成都清华中学首班毕业生，已有应考联大者。重庆清华中学在该区中学内，曾获得数项奖励。贵阳清华中学经周寄梅先生之热心创导擘划，经费比较稳固，自建校舍，亦已大都完成。三处清中，皆有三四年以上历史，基础已立，亟需培养，所望我渝、蓉、筑以及热心中等教育之校友诸君，仍本过去提倡与维护之精神，继续努力。最近由渝区校友分会发起之百万基金运动，现正分头劝募中。琦昨岁曾言"经费不充则无以为继"，我三处清中，仅贵阳一处，基金稍裕，渝、蓉两校，似很拮据，故百万基金运动，明知在今不易劝募，然为该校前途计，不可不努力以促成之也。上海校友会发起之寄梅教育金劝募运动，最近亦发轫。校友对此二项募款运动，自必乐予赞助，踊跃解囊，有不待琦之烦言者。

六、去夏川行经过

去岁琦因联大校务入川视察，曾在川境旅居三月之久，沿途于重庆、泸州、叙永、李庄、叙府、乐山、峨嵋、成都、内江等地，各作数日之勾留，得与当地校友欢晤，借知各校友最近在军、政、学、工各界之努力，至今引为快慰。各地校友亦殷殷以母校播迁期间之情况见询，其关切之情绪倍逾曩昔。琦因念及我校同学会之组织尚未臻巩固，今后应使团结更趋健全，消息更趋灵活，事业合作更能收效，亦当前之一大问题也。归途本定取道贵州，借与遵义、贵阳一带之校友一图良晤，因交通关系，卒未如愿，惟有待于来日矣。

七、三十周年纪念会之余韵

去年我校举行三十周年纪念会，循国外大学先例，曾函达国外较著称之大学，截至去冬为止，接获贺函贺电凡四十余件，其中奖励之词固多，而情意关切多方勉励者亦不一而足，尤以牛津之来函为最恳挚，美国大学来函中有"中邦三十载，西土一千年"一类语气，盖亦极言我校进步之速。实则在以往三十年中，我校对于吾国教育、学术、文化，究已有几许贡献，此我校同人于聆受奖许之余当更加惕励者也。此项函电，将来俟印刷较易举办时，当汇印成册，以作纪念。

八、校友陈三才君为国牺牲

最后尚有一事，虽至可悲，不得不向校友诸君报告者，即校友陈三才君之殉国是。陈君以前年殉国，然因真相未明，不及于去年报告中及之。三才系江苏吴县人，为本校旧制一九二〇级级友，民国九年留美后，为麻省渥斯德大学电机系高材生，得有电机工程师学位。民十四归国，在上海工商界历任要职，"一·二八"之役，以及"八一三"沪战开始后，参加救援工作不遗余力，及汪逆叛国，设伪政权于南京，陈君在沪上以为巨奸苟除，群丑自败，遂决心图谋暗杀，不幸机密泄漏，功败垂成，卒至以身殉国。陈君于民国廿九年七月初旬，被汪逆党羽绑赴南京，备受刑毒后，于十二月二日被汪逆枪杀于南京雨花台。陈君殉国之经过，大要如此。我校校友于抗战期内杀身成仁者，以陈君为最著亦以陈君为最惨，今后应如何于文字上及事业上纪念陈君，永垂久远，一部分校友正在筹划中。鄙意事平以后，凡校友为国家抗战直接间接捐躯，而校中应有一伟大而永久之纪念物品以慰英魂，以励来者，所望各位校友随时随地留意访察，倘有所闻，希以见告。其作奸附逆者，当亦有人，亦应给予相当之处置，但吾人深信前者大光辉，足以掩后者之污点耳。

选自《清华校友通讯》一九四二年四月第八卷第一期

// 抗战期中之清华（四续）

梅贻琦

上一年校庆的时候，我因事滞留在重庆，一年一度在《校友通讯》上和诸位相见的《抗战期中之清华》，竟因此间断了一年。时间真过得快，自"七七"抗战算起，马上就是七周年；我校迁来昆明，于今恰满六年。我们面对着战争，我们在战争里生长，我们相信可以获得最后胜利，我们是临深履薄，兢兢业业的谋所以把握着胜利。当兹第三十三年校庆，在向我全体校友报告校务之前，我以坚决的态度，要求我全体校友各在其岗位上加倍努力，使盟国与国家的胜利早日来到。

一

故园情形，过去两年，渺无消息，在敌人盘踞之下，殆亦不堪闻问。历年向诸位曾经报告到各院所建筑以及设备仪器等等被破坏的程度，但似乎没有提到图书馆和书库的情形，近据第十六卷第一、二期合刊《中华图书馆协会会报》内刊载：

"清华大学图书馆，被占用后，即作为病院之本部，除新扩充之书库外，其他部分，殆全被利用，楼上大阅览室为普通病室，研究室为将校病室，办公室则为诊疗室、药房之类。病者多系骨伤，故病室多标为'骨伤病室第几××'等字。各阅览室、研究室、办公室内之参考书及用具，多被移集一处，有移入书库者，有焚毁者，亦多有不知下落者，例如大部参考书，如《大英百科全书》，《韦氏大辞典》及打字机之类，无一幸存。迨至今年（三十年）五月中旬，日本华北军司令部（多田部队本部）始有整理清华图书、标本、模型之议。二十九年底，满铁北支经济调查所，及华北交通会社，即有整理清华图书之倡议，因故未成事实，并拟有规程四种：（一）押收图书、标本、模型整理中央委员会则；（二）北京清华大学押收图书、标本、模型整理实施要领；（三）押收图书、标本、模型整理要纲；（四）押收图书、标本、模型整理实施要领（以上均日文）。同时指定得参与之机关七处，及各机关得遣派之整理员若干名（略除），于五月十四日起，即开起整理。关于图书馆方面，各机关所担任之部分如下：（一）多田部队本部：总记辞典、卫生、建筑；（二）兴亚院华北连络部：政治、外交、法制、移殖民、文化关系；（三）华北政务委员会，灾害关系及连络部分但（担）业之一部援助；（四）新民会：禁书关系；（五）满铁北支经济调查所及北支那开发株式会社：地志、一般经济及产业、财政、金融、社会关系;(六)华北交通株式会社:交通、治水、运输关系。其整理手续,系先按门类依次排架,然后再行各按所需,从中挑选。只以年来书库内无人清理,且他处书籍之移入书库者,率皆随意弃置地上,因之书库内,颇形凌乱,而窗破之处,亦所在多有,以致尘土积封,蛛丝牵挂,故整理上,亦煞费手续,直至七月初始行葳事。风闻此次整理清华图书之目的,及参与斯事各机关,原可各就所需,携归私有,故挑选时,争先恐后,不遗余力,费时数周,始可选竣,嗣因他故,遂罢前议,后又拟将清华图书,全部寄存北平近代科学图书馆,该馆馆长山室三良氏曾往清华视查一次,以数量过多,该馆无地容留,乃又作罢。至此始有将各机关所挑选者寄存现代科学图书馆,余者拨交'国立'北京大学图书馆保存之议,几经伪教育总署(华北教部今称)与日方磋商,始成事实。除关于军事图书若干,禁书(抗日、共产、马克思、社会主义等,国民党及国民政府宣传品及反新民主义图书),约一万册,各机关所选图书(其中以方志及应用科学图书为多,方志一本未留)约四万册(内中多有以一函为一册者,故确数当不止四万册),于七月十五至十八日之间,由军部、新民会及近代科学图书馆分别运走外,拨交北大者,约二十万册,于七月三十一日始行搬运。除教署、北大,及清华保管处,均派有多人,从事料理外,并雇有夫役数十名,负装卸搬运之责。每日雇用汽车五辆,每辆约载二千册,每日运送两次,至八月二十一日,始全部运完。此外书库第一二层钢架,北大本拟拆用,嗣以与上层之顶力有关,拆后恐至坠落,遂拆用第三层之钢架。北大分得十八列。(每列十格,每格钢板七层,双长,合每格钢板十四块。)近代科学图书馆分得十列,新民会分三列,日病院留一列。钢架以外,尚有全部目录柜,亦由北大取走,又书档六千余个亦归北大所有。至此,历史悠久,宝藏丰富之国立清华大学图书馆,其寿命遂告终焉。"至此,整个的清华园,实质上已被破坏净尽,我们只有等胜利来临,再与敌人清算这一笔账。

二

自民国二十六年以后,至于今日,学校本部,暂不单独生存,初则与北大、南开在长沙合组临时大学,移滇后,又合组为国立西南联合大学,前后已将七年。联合大学计分五学院二十六学系,电讯专修科,初级部,先修班。学生人数几三千人。校舍除自建一部分外,工学院、师范学院,尚系租赁房屋,十分局促。图书仪器,各项设备,至感缺乏。

在此非常时期,我国虽没有像英美一般的停闭若干大学,好教大部分的员生直接间接的参加作战。但本校在此时期,于照常教学外,尚能顾到国家抗战期内在人才方面的种种临时需要。六七年来,如国家需要某项人员,为大学生胜任者,必令学生踊跃参加,教员从旁襄助。如二十七年春,政府发动训练机械部队,我清华工学院二、三、四年级生,几全部参加交辎学校受训，并于受训后，分赴各地工作。卅年、卅一年，美志愿队来华及我军远征，均需要通译人员，联大学生之参加是项工作者，占全数之百分之二十二强。迨三十二年秋，盟军大量到华，通译人员需要陡增，联大更动员全体四年级学生，以应急需，教员之自动参加帮忙训练者，达十余人。

清华研究所，现有文、理、法三所，共十二部门。文科研究所下设中国文学、外国语文、哲学、历史四部。理科研究所下设物理、算学、生物、心理、地学五部。法科研究所下设政治、经济、社会三部。共有研究生四十二人。为研求高深学问，本校虽在经费极拮据下，亦乐于继续进行。

清华留美公费生考试，原为本校特种事业之一。南来以后，曾举行一次，是为第五届；去年八月复举行一次（第六届），分成都、重庆、桂林、昆明四地考试，四区报考人员，共三百七十余人。共分二十四门类，共应录取二十四人，试卷大致评阅完毕，仅差一门，付邮在途，尚未到达，兹已将各项手续办理如式，俟该门试卷送到，即可召集会议，当众揭晓。此项留美考试，如将来财力允许，希望能继续进行。

三

本校除参加联大以外，尚有五个特种研究所。这五个研究所，事实上包括七个单位，工作同人六十余人。农业、航空、无线电三所，皆着手于抗战以前；国情普查、金属学二所,来昆明以后,才分别成立。这五项研究事业,均系针对着国家迫切需要而设。六年以来,在同人努力之下,多少都还有一些贡献。现在将各所情形,及工作状况,举要写在下面:

(A)农业研究所病害组:原定研究计划中共有十余个项目,其中一部分业已结束,一部分尚在进行。此十余项目可归纳为:(1)抗病育种;(2)病原菌生理分化研究;(3)植物病害研究;(4)真菌分类研究;(5)出版刊物。

(B)农业研究所虫害组:该组因为国内昆虫学专门人才的缺乏,故自成立以来,即以训练专才为中心工作。工作范围包括应用与纯理两方面。应用方面,涉及农林、医学、工业方面的种种问题;纯理方面,分昆虫天敌与分类研究。(1)稻螟内疗防除研究;(2)果树钻虫防除研究;(3)松虫内疗防除研究;(4)疟虫感染率之测定;(5)家蝇天然防除研究;(6)紫胶培植应用研究;(7)白蜡虫卵缓孵研究;(8)昆虫天敌研究;(9)幼虫分类研究。

(C)农业研究所生物组:工作程序分为三期,工作范围也分应用与纯理两方面。关于纯理方面:(1)新陈代谢及生物氧化程序之研究;(2)生物之生长及发育之研究;(3)生物感应性之研究。关于应用方面:(4)利用植物原料以制工业成品;(5)桐油之生理及利用;(6)以电解方法制造各种有机药品;(7)出版刊物。

(D)航空研究所:该所于两年前,由昆明北城迁到昆明东郊白龙潭。其设在嵩明之气象台,最近迁至白龙潭。本年工作,在应用方面:(1)为滑翔总会制造初级、中级滑翔机;(2)航委会及中央气象局委制水银气压表;(3)第一飞机制造厂委托实验 E-16 飞机模型之改良;(4)日新滑翔社委托实验滑翔机翼剖面模型;(5)试验 630 号机翼剖面之性能。在研究方面:(1)设计直升飞机;(2)试制三层板;(3)研究牛胳胶及其他胶类;(4)制造试放无线电高空探空仪;(5)研究紫胶;(6)研究风洞扰乱度表;(7)研究飞机制造材料;(8)建造、布置航空陈列馆。

(E)无线电研究所:除一部分仍继续以往工作外,在研究题目上,略有更改,以适应国外技术的新发展和国内的新需要。近两年来的研究工作如下:(1)氧化层阴极之发射;(2)调速电子管超高频振动器之研究;(3)新式无线电测位器之实验及试造;(4)氧化铜整流器;(5)栅柱对于束射之贡献;(6)短波定向仪;(7)粉碎铁心之制造;(8)轻小铅蓄电池之制造;(9)超高频电波产生之新法;(10)荧光现象及冷光灯之试造。最近该所又与中央电工器材厂订定技术研究合作办法。从此,和目前工业上的实际问题,有了进一步的关系。

(F)国情普查研究所:该所近两年来,经与内政部、云南省民政厅及云南省经济委员会合作,从事于云南省环湖市县之调查,结果已编印成《云南省户籍示范工作报告》一种。其他完成的研究为:(1)呈贡县农业普查;(2)呈贡县社会组织;(3)呈贡县汽车路的研究;(4)近代中国国势普查(Toward a Modern Census in China)。尚在进行中的研究则有:(1)滇省三县社会行政;(2)呈贡及昆阳人事登记。所中同人个人的分题研究则有:(1)各国及中国人口普查方法的研究;(2)我国人事登记制度的研究;(3)我国战时移民运动与社会变迁;(4)农民家庭的出款与入款;(5)昆阳农民的阶级流动性;(6)呈贡县的民风。

(G)金属学研究所:该所在进行中的工作如下:(1)配合 X-射线数据决定晶体构造之新法;(2)X-射线的相对强度,决定晶体的第二种熄灭系数;(3)锌锑合金单晶之制成;(4)一系高热电压合金之发明;(5)锌锑合金之 X 射线研究。为适应实际需要,该所对于采矿、冶金的技术问题,亦随时加以注意,同时帮忙各矿业机关解答诸种疑问。

四

去年秋天,本校同人又以其教学余闲,创办了一个清华服务社,开办之初,为了征募股本,曾和全体校友通过一次信。截至去年十一月止,共集股百五十余万元。半年以来,机械工程部机制木材组发展特别迅速,单单为供给美国陆空军供应处建筑材料一项,营业数目达数千万元之巨。各锯木厂彻夜工作,尚有供不应求情形。他如应用化学部化妆品制造厂之牙水、发油已在市上流行。农艺部,除碾米厂外,增设酿造组,制造味精酱油及普通酱油等等。服务社共分八部、三十三组,去年结算,自六月至十二月终,盈余约二百万元,一面可以调剂本校及联大同人生活，一面可以帮忙社会生产，在这个抗战期中，本校同人，可算各尽其力了。

五

清华校园的情形，联大状况，本校各研究所的事业，简略的向诸位报告过了。抗战期中的母校，虽失去了美轮美奂的校舍，虽颠沛流离的局居在西南一隅，一切的教学、研究，总算勉强照旧进行，从未间断。还有不属于本校而由于本校校友举办之渝、蓉、筑三地清华中学，近两年来也都有一些进步，也都有了固定校舍。渝清中一再受嘉奖，筑清中并经蒋主席誉为模范中学，蓉清中亦经川省教育督导团特予嘉许。三处中学，全赖三地领袖人士及校友的支持，才有今日。而他们都印有学校概况，可以索阅。

近两年来，我个人曾几度到达四川，一度到达贵州，随在可以遇到我们的校友，他们一秉"厚德载物，自强不息"校训，努力他们的职务，真令人十分感奋。《校友通讯》虽未能按期出版，亦未能时常出版，但本校于去年四月设了个"校友通讯部"，负责校友间的联络，答复校友的询问，希望散处各地的校友，都能以最近状况函告；对于有校友分会的各较大都市的校友，如重庆、成都、北碚、泸州、贵阳、遵义、柳州、桂林、砰石、长汀、泰和、西安、洛阳等，更希望由各分会干事，将各分会最近的会员名录寄来，如能在本年六月以前全部寄到,当交校友通讯部汇编成一种《抗战期中清华校友通讯录》。印好后分送给各地校友,为了使校友的消息更趋于灵通,结合更趋于巩固,还似乎是不能少的。

选自《清华校友通讯》一九四四年四月

// 抗战期中之清华(五续)

梅贻琦

我校举行校庆,于兹为第三十三届,而自抗战播迁,亦已为第八届。目前西欧战场即将结束,东亚战场亦与胜利日益接近,本校于斯时举行抗战期中第八届校庆,吾人追怀往事,感慨靡穷,而瞻念前途,希望亦自无限。胜利到来之前,尚有最艰巨之一段,自尚需吾人最后之加倍努力,琦所希望我全体校友者,亦曰"百尺竿头,更进一步"而已。琦仍循往例,将本校过去一年间各方面情形,为我校友诸君述之。

一

故园情形,渺无消息者,已数年矣。昨岁曾于中华图书馆协会会报见到关于本校书库中图书被掠夺经过,至仪器设备,则久已荡然无存。时至今日,揣想园中景况,恐更将兴

"无复旧池台"之感,他日胜利归来,总须逐一补充修理。本校在长沙岳麓山南麓之建筑,昨岁湘战再起,在保卫长沙战中,被包围在炮火圈内,嗣后长沙沦陷,在敌人占据之下,该建筑遭破坏至何程度,亦尚不可知。故园、新址,同遭厄运,尤使吾人未能一日去怀;所幸抗战结束,为期已近,一般建国工作开始之日,亦即吾人复校努力实现之时,刻已与同人在切实计划之中。

二

我校与北大、南开合组之西南联合大学,顺利进行,于兹已七足年。自来昆明,虽迭经战事威胁,幸均化险为夷,未遭再度殃及,似此小康局面,谅能维持至抗战结束。属于三校学籍之学生,皆相继毕业已去。由联大毕业者,逮今年夏,亦已四班,计共一千五百余人。校内情形,大都如旧,惟自年来物价飞涨,同人及学生生活,极度困难,最近二三月,窘迫尤甚。同人住舍问题,亦因房价之增加而形严重,去秋幸得借款若干,建筑及改造小房若干幢,作教职员眷属住宅之用,但此不过局部之解决耳。学校设备,因四五年前稍有添购,各方亦偶有捐赠,尚勉敷教学之用。为求实验工作之进行,往往出诸以有易无办法,将学校剩余无用之物售出,购取学校迫切需要之化学药品及其他资料,惟为量不多耳。图书方面,固甚感缺乏,数年前曾得教部拨款订购,但仍未运到;近来幸得英美人士时有捐赠，稍济渴望。联大学生从军服务者，包括译员在内，颇称踊跃，三年以来，应征及志愿充任译者，共四百余人，最近加入青年远征军及空军者亦二百余人，成绩都甚良好。学校除予以鼓励外，并予以种种便利，以便青年报国之志，得以表现。

三

本校五特种研究所，年来工作情形，兹举要报告如下：

A. 农业研究所：

（1）病害组：抗病育种。此项研究素向三方面进行：（一）育种，（二）测定作物品种之抗病力，（三）鉴定病原菌之生理小种。所获结果，已载历年报告中。本年度之工作，系将以往工作作初步之结束。兹将所获结果，分别报告如次：

（一）育种——决定繁殖品种，本年度之大小麦及黄豆均在第三年之高级试验中；历年保留作试验之品种，仍较标准品种为优。

（二）测定作物品种之抗病力——在鉴定病原菌生理小种实验中，曾将各作物品系分别作抵抗各生理小种之测验，现已获得抵抗力极强之品种若干，可利用作杂交育种之材料。

（三）鉴定生理小种——已经鉴定生理小种之病原菌凡七种，详细结果，已缮成报告待刊。菌类研究——关于藻状菌之研究，本年度发现一新属，已撰成报告待刊；其他水生藻状已经鉴定者，共计三十八种。历年在滇所采，以及川甘豫等省寄来之白粉病菌，经鉴定有新种二。锈病菌标本，经鉴定者达六百号以上，得锈病菌二百十三种，多为我国之新纪录，内有新种二十五。其他关于伞菌之研究，已陆续撰成报告，在英美发表。

（2）昆虫学组：除训练专门人才外，研究工作应用、纯理并重，而尤致力于以实验方法研究各项问题。应用方面，以与农工医有关之问题为范围；纯理方面，则以昆虫天敌、幼虫分类、昆虫染色体数等研究为主题。兹将主要研究问题简述于下：（一）稻螟内疗法，此项研究已获初步结果，现将加以扩充。（二）疟蚊唾液与疟原虫配子母细胞之关系，目的在研究能否利用以诊断疟疾。（三）先成现象发生原因，迄未明悉，现将寻求其引起之因素，并试以人工方法促成之。（四）家蝇天然防除之研究。（五）果树蠹虫之研究。（六）幼虫分类。已较鉴认种类作进一步之研究。（七）昆虫天敌研究，已发现希罕之天敌多种。（八）昆虫染色体数之研究。染色体可用人工方法引起突变，若应用于昆虫类，或能使害虫减少其为害，益虫增加其效能，染色体数之研究，为此种实验之初步，故进行是项研究，迄今已完成四十余种。

（3）生理组：本年度除继续以往各项工作外，曾作青霉素（盘尼西林）及滴滴特（DDT）等药品之试验，幸有小成。并作无种子果实试验，曾得无子黄瓜，其味与普通黄瓜无异。

B.航空研究所：

（一）完成设计直升飞机。（二）完成设计三层板机器。（三）利用国产材料设计制造中级滑翔机。（四）试验直升机控制模型。（五）制造三层板机器。（六）研制牛酪胶及豆类胶。（七）研究紫胶。（八）研究风洞扰乱表度。（九）完成自制弹性力学设备。（十）完成建造航空图书馆。（十一）嵩明气象台迁建于联大校址内。（十二）编译航空书籍，完成（a）空气动力学。（b）飞机材料学。（c）航空木材学。（d）飞机模型制造。（e）理论气象学。今后计划：（一）试验第一飞机制造新机翼模型二种。（二）校正航空风洞标准工作。（三）进行弹性力学试验工作。（四）继续编译工作。（五）试放高空无线电探高仪及进行高空气象研究工作。（六）研究飞机制造材料。（七）建筑航空陈列馆。（八）捐集航空图书。（九）计划试制直升飞机等。

C.无线电学研究所：该所于本学年度之研究，大部偏重于超短波及微波方面。研究题目可分为二项：（一）磁电管之设计与制造及微波振荡之实验。（二）超短波之强大振荡及幅射特性之实验。前者结果可得十数公分之微波波长，后者结果在一公尺半之波长可得数十瓦特之电力。二者在实际问题上，俱有重要应用，正在从事研究中。

D.国情普查研究所：（甲）已印行的工作——本所有几种集体研究，其工作已于数年前完成，但在已往一年中才付印者，有下列三种：

（一）《云南户籍示范工作报告》（铅印本，三十三年二月）。

（二）《云南户籍示范工作附刊》（油印本，三十三年六月）。

（乙）继续进行的工作：（一）呈贡县人事登记，自民国二十九年二月以来继续进行，未曾中断。昆阳县一镇三乡人事登记自三十三年八月以来亦在进行中。

（二）呈贡龙街的零售物价，自民国二十七年以来，逢街子日调查，逐项登记，编制统计图表及物价指数。

（丙）进行中尚未完成的工作：本所有些专题研究，由同人个人负责研究，其工作尚在进行中，包括下列数种：

（一）昆明市的贫穷研究（张莘群）。（二）战时我国人口迁徙与社会变迁（廖宝昀）。（三）呈贡乡村劳力制度（罗振鹾）。（四）昆阳农民的阶级流动性（周荣德）。

E. 金属学研究所：有数部工作仍系继续以往问题，本年可提及者如下：

（一）整理关于"决定晶体新法"已发表及已得到之结果，制成有系统的长篇论文，俾该项新法之内容，可全部发表。

（二）应用上述新法，作"锌锑合金"及"麻黄素"之晶体构造分析。

（三）改进以往发明之热电压合金，已可增加热电压三倍。

（四）探讨铸铁性能之改进。

其他对外技术问题合作，仍继续进行。

四

前年秋举行之第六届留美公费生考试,因邮递迟缓,待至去年夏,始将试卷汇齐,评阅揭晓,计共录取二十二人;又因种种关系,久未能遣送赴美,目前各种手续,均已完毕,短时间内,如交通无问题,当可陆续成行。

本校同人于业余创办之清华服务社,经营迄今,瞬将两载,营业情形,向称发达,年来于同人收益,逐及分配,不无小补;参加之同人,自助助人之精神,尤忻欣慰。然此究属权宜之计,他日战事终了,当即随同结束。

校友创办之三处清华中学,皆有报告前来,皆能于困苦中照常进行,本校限于资力,未能多予补助,仍望渝、筑、蓉三处校友力加维护,使日臻完善。至其前途发展,以及与母校可能有之关系,当俟本校复员后,再相与妥为筹划也。

五

今年八月,琦服务本校,将满三十周年。溯自一九〇九年(宣统元年)应母校第一次留美考试,被派赴美,自此即受清华之多方培植。待民国四年秋返国,即在本校服务,流光如驶,忽忽三十年矣。吾昔曾言:"在这风雨飘摇之秋,清华正好像一个船,漂流在惊涛骇浪之中,有人正赶上负驾驶它的责任,此人必不应退却,必不应畏缩,只有鼓起勇气,坚忍前进,虽然此时使人有长夜漫漫之感,但我们相信不久就要天明风定,到那时我们把这船好好地开回清华园,到那时他才能向清华的同人校友说一句'幸告无罪'。"此天明风定之日,不久可望来到。今春教部召集各大学开会,对于战后各校复员,有所决定。清华必在复员之列,此亦琦可为校友诸君告慰之一端。惟维持现在,绸缪未来,有待于我校友诸君襄助之处正多;一旦复员开始,北返有期,自更盼校友诸君能与在校师生共策共力,使涉世三十三年之母校得以重新奠定于清华水木之间,更从而有一番簇新之发展,以与一般建国事业力求配合,斯则琦历年艰苦支持中所时刻馨香祷祝者也。

选自《清华校友通讯》一九四五年四月

// 复员期中之清华

梅贻琦

去年九月,敌人投降,抗战终了,本校奉命复员。历年来在抗战期中,琦每借《校友通讯》叙述故园情形及南来景况,想我校友诸君已知其梗概。兹将即返故居,重新建设,爰再将复员计划,及最近情形,趁兹第三十五届校庆日,为我校友诸君约略言之。

(一)故园情形

北平系于去年十月中由第十一战区受降,本校于同年十月下旬由本校教授张子高、陈福田先生会同教育部特派员前去接收。琦于去年十一月二十七日偕同陈岱孙、施嘉炀、毕正宣三先生到平,翌日到清华园察看,接收尚未蒇事,缘数年来校园由敌人一五二兵站病院占住,最初有伤兵四千余人,职工一千三百余人，全部校舍，均被占用，破坏甚剧，如卫生设备，完全摈弃不用，改用日式之洋灰池槽，上下水道，凌乱不堪，钟亭铜炮，已被日方窃去，新图书馆全部改为外科病室手术室，旧体育馆为仓库，新体育馆为大厨房，凡斯种种，不及备述。本校于十二月初组织一保管委员会，由陈岱孙先生主持其事，陆续约用职员十余人驻校办理接收修葺等事。截止现在，日伤兵已全部离校。惟自今年一月杪，我后勤总部第五补给区司令部派员接收日一五二病院，并就地组织第三八病站医院，虽言明借用三个月，但在此期间，殊影响本校修葺整理之进行，现已向主管当局交涉，早日腾让。关于修理工程，去冬即约基泰工程师，先详细勘察估计，嗣因经费无着，未敢动工。最近得教育部核拨修建款，数虽尚不敷用，不得不于本月初赶即开工，预计到秋间开学，大致可以就绪。内部设备家具，拟先就必需者，简单制备。旧有之仪器图书，被剽窃一空，以后在伪北大及其他机关寻获图书若干，约抵原有册数之一半，而仪器机器则完全无法追还。以目前物价之高涨，经费之拮据，即努力樽节挹注，亦非三数年期间所能恢复旧观。但谚云："旧的不去，新的不来。"则吾校同人苟能于此时用最经济之设计，购求科学最新之设备，则今日正一改造扩展之良机也。

（二）复员计划

校园之物质情形，略如上述。秋间复校后，为应国家社会之需要及本校学科顺序之发展,就院系言之,将成立农学院,即以农业研究所之基础,设置四五学系。文学院增设语言人类学系,以注重边疆民族语言文化之研究。理学院地学系原有气象组,今另成一系,以提倡高空气象之探讨。法学院将添设法律系,以实现十年前原拟之计划。工学院添设之化工系在今日之重要,固无待赘言。而建筑系则目前欲应社会之急迫需要,解决人民居室问题、城市设计问题,于人才训练上、于学术研究上,皆当另辟蹊径,以期更有贡献于社会者也。下年学生名额,约必有相当加增,但现有宿舍及设备,尽量容纳,不能超过二千人。师资方面,当亦须增聘,除随校南来各教师,夏间当设法妥送返校外,其休假或请假在国内或国外者,已敦促务于秋间返校任教,另再增聘若干位,务使新旧院系,即设备尚多欠缺,而师资必蔚然可观,则他日诸校友重返故园时,勿徒注视大树又高几许,大楼又添几座,应致其仰慕于吾校大师更多几人。此大学之所以为大学,而吾清华所最应致力者也。

(三)联大结束与三校迁校

今年五月初,西南联合大学之战时使命完成,三校之复员随即开始。在联大之学生,依其志愿,分发于北大、清华、南开三校。但北迁之举,三校师生仍联合发动。一因大家路线相同,联合自多便利;一亦以表现八年来通力合作之精神,彻始彻终，互助互让。固非欲以标示国人，抑吾三校同人所同感之快慰，或亦非局外人所能领略者耳。至迁校办法，实亦大难。全体师生及眷属，共约五千人，公私物品，共约五百吨，自西南边陲之昆明，迁移到辽远之平津，在现状下，水陆空交通工具，均感缺乏，行不得也，其谁助之？只得自行设法，分头接洽，有机可乘，有路可通，便当分段分批逐步进行，希望于夏间三四个月之时间可以陆续开动，十月前后可以到达平津。故三校已共同决定于十月十日复校开学，则国庆校庆同资纪念矣。

（四）表扬忠烈

在抗战期中，本校校友以身殉国，死事之烈，若沪上之陈三才，赣北之姚明达，缅甸之齐学启，皆足名垂青史，实亦母校之光，将来拟于清华水木之间勒碑纪念，或更编印纪念册，以资流传。惟目前消息尚多阻隔，必有甚多壮烈事实，未为校中所得悉者，所望校友诸君，各就所知，尽量函告，即有重复，尤利参证，以慰忠魂，以励来者。

此外，所欲向诸校友谈述者，事项尚多，但有尚在筹划之中者，有须待确息方好报告者，有仅属希望尚难办到者，只盼来年今日，更有好消息，可为诸君报告。最后琦有不能已于言者，即吾清华三十五年之差有成就，实由于吾校学风之纯良，学术空气之醇厚，三四千学子之出其门者，已成为今日社会上有力而有益之分子，则其宗旨，其方针，其做法，吾辈应认为确当，而在亟谋复校之今日，尤当坚定信念，努力以赴。精力愈集中，则收效愈宏达。校内同人，或有未逮，则望各方校友，多予协助。琦不敏，愿鼓其余勇，以追随于诸君之后也。

选自《清华校友通讯》一九四六年四月

// 昆明学府近影

毛文贤

"昆明是一个'四季皆春'的山明水秀之乡,她有西山之胜,滇池之美;她有模仿西湖十景点缀成的大观楼;她有一匾一额均由黄铜做成的金殿"。到过昆明的朋友都会这样的告诉我们,同时还会加上一句"那里的生活很低廉,因为一元国币可当十元用呀!"所以当我们由广西转道入云南的途中,脑里常有一种奢望在萦绕:"以一当十,比广西的一当二还要低五倍,那末在衡阳,在桂林,在八步,被极高的生活费用压的透不转气来的人们,到了昆明总可以舒足伸腰一点吧"!然而理想是一回事,事实又是一回事,目前的昆明已不能与过去的相比拟了!

自广州失陷武汉放弃之后,广州、香港、武汉、长沙、衡阳、桂林的资产阶级总向"中国的昂哥拉"逃来。湘、鄂、赣、粤、桂五省内的大学已先后向这经济文化重心的昆明集中，此外随这些学府而来的文人学者，为建国工业需求的技术人才，也被滇越路的短节火车一批一批的追送到这"阔逃难者"的天堂。所以昆明已变成了外省人的世界，银行一天天的增多，文化界到处呈现着活跃的现象，小饭店更一片片的开了大门，同时米价由七八块一担的增高到二十二元，猪肉从一毛五六分一斤的提高到一元两斤，平常买零星东西是以铜元为单位的，现在呢，开口是分，闭口是毛。譬如一根油条，由两个铜元变成二分国币，一个馒头由三个铜板变成二分大洋，以致一般专靠在小饭店内游击的单身小职员们，生活无定的客学生们，莫不叫苦连天，随你怎样节省，三餐并作两顿，五毛一天的火食费无论如何还少不了。目前的报上天天谈到粮食问题，提醒市政当局，认真组织物价调整委员会，平定物价，阻碍奸商操纵，大概在最近的将来总会好一点吧！

昆明的大小书店里整天挤满着翻杂志、看画报的学生，因为昆明附近现在有七个大学像行星绕太阳似的分布着。这里有由省立改为国立的土著云大，搬来将近一年的联大，有由广西八步迁来的国立同济大学，自广州匆忙出走的中山大学，有由赣西湘西奔来的中正医学院和国立艺专，还有从桂林砖瓦堆里钻出的华中大学。此外正预备搬来的，尚有在龙州停足不久的国立体专和在孤岛上看不过外人嘴眼的上海医学院。至于浙大、唐山交大虽一度盛传要来昆明，但毕竟还是改在贵州省了。你看这一万左右的学生那里会不将几爿书店挤的水泄不通哩，虽然昆明的书店不比上海的少。

大西门外是学校区域,省立昆华工业学校、农业学校、师范学校统在那里。宫殿式的校舍在街道两侧南北的对峙着,富丽堂皇的情形实不亚于上海的私立大学。一个中学校有这样美轮美奂的建筑,就在江浙也不多见。可是自从去岁九月间敌机来昆明肆虐之后,大西门外已找不出中学生的踪迹,结果是便宜了联大。就是在蒙自的文法学院也都搬进到这几座宫殿里来了。在三座大建筑物里面,现在差不多住有两千左右的学生,其中的一半,是"联"字排行的 Freshman;另一半则是校与校联不起来的老资格。所以当你走出西门的时候,便可看到有的西装上面扣着有"清华"二字的蝶形徽章,有的铜盆帽上扣着有"北大"二字的盾形标记。不过还算好的,身上虽有特种的标榜,口中虽有不断的争执,但总还不曾动过武,不然,像西北联大样的打得头破血流,倒使教育当局有点难于措置呢!

云大是在城的北面,到翠湖去散步时,就可看到那高耸着的校舍。远望起来像是"饱经世故"的前清遗物,可是当你跨进了它的大门,才知道它是完成不久的新建筑。云大的学生,人数虽不及联大的一半,但一经分析,就像云南的币制一样,可分为国币新滇币和旧滇币三种。统一招生考进去的,人家称他们为国币,熊校长时代进去的叫新滇币,更早的,当然是旧滇币了。不过这些旧滇币,在不久的将来市面上将会看不到他们,一如省府整理币制一样!

中正医学院是今年最早搬到同时又是最先开课的一个学

校。它一共只有一百多同学,所以在青年会里面便很快的能上起课来,可是借用的时间很短,三月中旬,人就要下逐客令,所以该校当局不惜用大量的汽油,把砖瓦用汽车装送到白龙潭去,假使"人字坡"能早日完工,据中正同学讲,本年暑假上海医学院的三、四年级两班也要搬来昆明,和他们合并上课,因为上海医学院的朱代院长曾再三向教部要求,多次和中正当局接洽,而且现在教部也有"准予合作"的公文下来。

八一三战事发生后第一个迁入内地的同济大学,她经过三番五次的搬迁,以"乙"字形式走过苏浙徽粤湘桂安南诸地,现在居然又跑到西南文化中心的昆明了。它有将近一千的学生,一下子找不到适当的地点,同时赶建房屋又来不及,暂时只得在昆明市区分为三部分上课。但该校当局正积极的计划,希望八月以前能在西山附近修盖起新校舍来。它经教部的特许最近在重庆昆明香港三地还招了一次生,使得春季毕业的中学生也有升学的机会。这一年里他们共有三个学期,考进去的学生能占到一年便宜,运气不小!同济医学院是全国医院学校中资格最高的一个,它有的是高明的医生和优良的器具,最近将与云南唯一的省立医院合作,据说四五月间这新成立的省立医院就可忠诚的为市民服务了!

有七个学院三千多学生的中山大学,因为人数众多,直到现在还一批批地由火车送进省来,同时汽车一辆辆地送到澄江去。那里的物资享受无疑的远不如昆明,但因为是产米区域的关系,生活程度定会比昆明低下好几倍,所以省城里的一般富学生对于"到澄江开荒去"的一回,可是颇为羡慕的。

  由杭州艺专和北平艺专合并而成的国立艺专,她们的同学也已安全的到了昆明。因为校址尚未觅妥,生活安定不下来,每天只好坐茶馆写信,走公园散步,数石板游街,和进书店翻杂志消遣消遣而已!该校教授李朴园先生近在《云南民国日报》上诉苦:(一)被学校当局拉做编班学生出发次序的事务,(二)在湘西冷水铺被盗匪洗劫了一次,流年真不利!

  上面讲到的几个大学在战前是天各一方毫没有联络的,可是到了昆明因为环境的趋势把它们密切的连系起来,"浙江同学会旅滇总会"便是沟通这几个大学的一个桥梁,在这桥梁上,目前共有五六百个浙籍同学,他们有的是家庭沦陷战区一切经济援助均告断绝的富学生,有的是接近战区得不到家中接济,同样依靠贷费度日的苦朋友。在这生活程度日高一日的昆明市中,单靠几块钱贷费已生活不下去了,他们不得不联合起来,向浙省政府请求,希望能按照皖赣诸省先例发给补助金。谅贤明的浙省当局总会有所援助吧!

选自《青年月刊》一九三九年第八卷第三期

联大在昆明

空 云

在昆明,气候是非常调和,一年四季,只要有太阳,便不论冬夏,都和上海的春天无异,但一遇雨天,却又寒冷得像冬了,这是因为地处高原的缘故吧,和上海的气候是大不相同的。

初到昆明,觉得什么都不安适,但耽搁的日子一久,也便渐渐熟悉而且了解这个城市的一切了。尤其是气候方面,因为气压高的缘故,初来时,常常出鼻血,现在却觉得这种气候该是全世界最可爱的了。

我住在城外一个小村中,离开学校(联大)很近。每天大部分的时间都消磨在学校中,然而在星期日或假日,却整天的在城里逛。这儿的街道,都是石板铺成,高低不平,穿硬底皮鞋的,走路很不方便,所以在我们学生中间,都时有着穿软底皮鞋或橡皮鞋,要是在晚上逛,除开几条闹街外,电筒是必需携带的物件,因为在一般的街路上,路灯都很少而且很暗。

物价在这儿是比上海贵些,但水果却特别价廉,像我们穷学生,只是多买水果吃,而阔人们却天天在酒楼上设宴请客。抗战前热闹的城池想已给侵略者毁坏得满目凄凉,而本是僻壤之区的城市,却十分振兴起来了。由此,似乎也可窥见胜利之谁属了。

这儿的人民,情绪都很高,我们学生也常常在课余到四方或城中去宣传。前次我们曾做过义卖鲜花运动,最近我们又下乡去宣传了一次,效力想来不会没有的吧!

我们现在的生活,可以说是紧张而有趣的。尤其是这儿的同学很多,且来自南北各地,好像把全国各地的人民聚于一堂的样子。每在课余之后,聚集一些不同省籍的同学,讲讲《山海经》,讲讲各地奇异的风俗,往往能得到书本上讲堂上所读不到的智识。

说起功课,这儿似乎也比上海一般的学校要紧张,要忙得多。不说别的,就单看一间偌大的图书馆吧,整天的充满了埋头苦读的学生,十多本大的英文字典,从来没有在书架上安静地卧着过。不过,整天不读书的少爷学生却也有。

这儿的校舍很大,和上海的鸡笼式相较,大有天壤之别。操场也很大,每天早上,同学都在操场上早操,平日,运动场上也是不绝地有着学生的。教室很大,宿舍也宽敞。

这儿的各种学会,研究会,像上海的一样多。剧社又在排戏了,基督教青年会也有着,可是不十分活跃。演讲的风气也盛。

有一件事很和上海相同，便是也以邮票作为另找，而一分的辅币很少。乘黄包车非常贵，不能多走路的人，到处吃亏。

最后说到飞机，这儿是天天有，可是都是本国在练习的飞机，狄机很少来；来了也会给我们打下去的。

这儿的确是一群新生命的萌芽地方。

选自《学生月刊》一九四〇年第一卷第一期

// 联大剪影

卢飞白

> 万里长征,
> 辞却了五朝宫阙。
> 暂驻足,
> 衡山湘水又成离别。
> 绝徼移栽桢干质,
> 九州遍洒黎元血,
> 尽笳吹弦诵在山城,
> 情弥切!……
>
> ——校歌

联大在昆明成立三个年头了。也许由于组成联大的清华、北大、南开三校过去在学术上的光荣,联大是这样普遍的被人关切着。

联大文、法、理、工、师范五院同学合计起来，大约总在三千人左右，要容纳这样大量的学生，校舍似乎很成问题。好在云南省立昆华中学，昆华师范，昆华工业学校等因为避空袭疏散下乡，联大师生就不管三七二十一搬了进去。三校旧址虽然相当大，但仍容不下。这样一来，工学院二、三、四年级同学只好远远的被撤到拓东路去，理学院同学和一年级新生屈居在设备比较简陋的"新舍"。"新舍"本来是片衰草凄迷的大墓场。人来鬼去，坟墓皆迁移大吉，疏疏落落的建了几百间房子。有教室也有寝室，其中规模最大的是图书馆。教室是绿洋铁皮顶的，里面有几十把椅子，寝室是茅屋顶的，每个寝室有二十来张叠铺，既没有桌子又没有椅子。亏得那一个聪明人想得好：二个汽油木箱一横一竖叠起来，在上的箱子里放点书籍文具，在下的箱子放点零碎什物，居然是张极合用的桌子。至于椅子，那可由床铺来"兼任"。

联大的读书风气相当盛，同学都喜欢把日子消磨在"开矿"上。因此可以容得九百人左右的图书馆也有了抢座位的风潮发生。每天晚饭后，图书馆前的广场总得有一大堆黑压压的人聚集着。同时，一口气跑进去找个好位置，增加"开矿"的效率。跑得晚点的找得个"栖身之所"，如果去得晚点，图书馆中客满，那只好挟了书本，快快归来，穿过黑漆漆的魁星阁，到凤翥街的茶馆中去"借光"了。

说到吃，令人不得不皱眉头。饭费每月是十五元到十八元。吃的还是五十元一担的公米。五十元一担的米在浙江应该是粒粒圆润的上等白米了,然而在昆明是夹砂的糙红米。吃来一个不小心,嗑到一颗豆大的沙石,那才哭笑不得啦!菜是四个小瓦盘中盛的:青菜、豆腐、萝卜。吃时动作非得迅速不可,不然"四大皆空",那只能望碗兴叹了。因为在膳厅里所能得到的养料委实太少了,所以同学时常跑到附近的小馆子里"加油"。凤翥街上的"餐室","食堂","小吃店"一天多似一天,数目总在二十个左右,联大也尽有餐餐"上馆子"的公子佳人。还有一位小姐天天驾了道奇汽车风驰电掣的到学校上课。最近,同学已经给她以严重的警告,这几天来,似乎没有看到小汽车的威风了。

联大同学大部分来自战区,经济情况都相当拮据,学校免了学生一切学杂费,设立贷金救济金名额。贷金与救济金的数目每月大洋十四元,对于学生们"不无小补",近来校中又有零用贷金和书籍衣服贷金的设立。昔日清华风的西装革履的翩翩年少,在今日的联大究竟并不多见。学校也体恤学生,前年一年级生必须穿制服,而去年则将这一项的规定取消了。所以,当你跑进联大,你可以看到种种不同的衣饰。穿华贵的西装固然没有人特别加以"青眼",穿露出棉絮的破棉袍也不致于惹起他人的注意。服装在"自由发展"的情形下,渐渐地成为个性与财富的表征了。

"自由""民主"是联大精神的特征。只要不妨碍人家,一个人可以让自己的个性和才能发挥到最高度。事实上,同学中也很少因自己的"自由"而妨碍到大众。在图书馆里有人不经意地高声说句话，几百道谴责的目光便会集中到他的身上。同学日常生活，学校并不十分过问。

同学间有三民主义青年团，联社，联大剧社，各省同乡会，各校校友会，歌咏团……等组织。这些团体时时聘请校内教授或校外名人演讲，或乘假日聚集在一块到昆明附近的名胜西山、金殿、黑龙潭、海源寺、铁峰庵等处野餐。每每在假日或星期日前，校内各处布告牌上贴满了红红绿绿的通告，欢迎同学参加××团体的远足。每次月圆时，说不定还会有数十个同学聚在一块唱歌，谈笑，开唱片，在皎洁的月光下举行月亮会，来调剂调剂久郁于书本中的心灵。联大剧社曾先后在昆明上演过《日出》、《夜未央》，以其所得来劳军。三民主义青年团在假时学生召集几百个同学沿着滇池作兵役宣传。各团体对于救亡工作都有相当的注意。各系有系会，性质偏重于学术研究。

联大的壁报种类真多极了。昆华中学北院教室的墙壁一大半都被壁报遮没了。在这些壁报中我们时常可以读到种种的"新闻"，极率直的言论，洋洋万言的学术文，成熟的文艺作品，辛辣的漫画。联大的壁报至少可以说是"联大精神"一方面的表现罢。

联大有文、理、法、工、师范等五院。文学院院长冯友兰先生，理学院院长吴有训先生，法学院院长陈序经先生，工学院院长施嘉炀先生，师范学院院长黄钰生先生。教务长樊际昌先生。最高负责者是常委会。常委是蒋梦麟先生，梅贻琦先生，张伯苓先生。文学院有中国文学系、外国语文系、哲学心理系、历史社会系，理学院有算学系、地质地理气象系、生物系、物理系、化学系，法学院有政治系、经济系、法律系、商学系，工学院有机械工程系、航空工程系、化学工程系、土木工程系、电机工程系等。师范学院有国文系、英文系、公民训育系、史地系、算学系、教育系、理化系。一度曾经被聘为英国牛津大学教授的历史社会系教授陈寅恪先生，因为欧战爆发，中止西行，仍留在联大讲授佛典翻译文学与魏晋史。

文学院各系一年级共同必修课程是：国文、英文、逻辑及通史（中国通史、西洋通史任择一种）、社会科学（政治学、经济学、社会学任择一种）、自然科学（数学、物理、化学、生物学、生理学、地质学任择一种）。理学院各系一年级共同必修课程是：国文、英文、中国通史、高等算学或微积分、社会科学（社会学、政治学、经济学择一种）、自然科学（物理、化学、生物、地质择一种）。法学院各系一年级必修课程是：国文、英文、中国通史或西洋通史、逻辑、自然科学（数学、物理、化学、生物学、生理学、地质学任择一种）、社会科学（社会学、政治学、经济学、民法概要任择一种）。工学院各系一年级必修课程是：国文、英文、普通物理、微积分、经济概要、工程画、画法几何、煅铸实习。师范学院各系必修课程是：国文、英文、中国通史或西洋通史、社会科学（政治、经济、社会、法学通论任择一种）、自然科学（物理、化学、生物学、数学任择一种)、教育概论、普通心理学、音乐教育。

有人说:"昆明牛肥马瘦。"这真是最实在不过的。你假如能在凤翥街立上几分钟,你一定可以看到一群群肥胖的牛拖着木轮子的车子呖呖辘辘的往来;一群群头上扎了红缨的瘦马,拢着颈项间的铜铃,负几支木头几十块方砖,在赶马人的叱喊下,挨着露出肋骨的身躯,进了魁星楼。因为经过的牛马太多了,街上堆积起厚厚的马粪,成天喷发着臭气。这一条街是联大学生来来去去的"要道",学生总爱在课外吃一点零食,加以校中膳食太坏,也时常想找个地方加加油,因此(此)街便渐渐地繁荣起来。杂货店、食堂、茶店一间间地"择吉开张"了。

食堂的数目增加得最迅速。有几张红漆桌子,八九条板凳,一个炉灶,便算是食堂了。午刻,傍晚,食堂里高朋满座,云南老板笑逐颜开。食堂里其实并没有什么可口的菜,只不过"食客"的目的在"加油",食品的香味差些也不在乎了。云南人挺"率直"。食客如果催促跑堂的:"喂!菜快一点。"跑堂会老实不客气的硬着头颈回答你:"快那样。等一等了么!"

茶馆白天里比较清闲些。或者是几个赶马人,或者是几个背背箩的,一手握了尺来长几寸直径的竹做的水烟筒,一手端碗茶,在那儿谈天谈地,但一到黄昏情形就改变了。茶馆里满是联大的学生,或在肮脏的桌上铺放下洋装书细细的阅读,或是振笔疾书,整理笔记。不管云南老乡们怎样操着"是了么"官话,指手划脚,学生仿佛像入定的老僧,总是不闻不问。偶然经过这里的客人也许会羡慕联大学生的清福:每天可以抽出几小时来到茶馆里坐坐,品品普洱茶。其实他们是误会了。"新舍"可实在没有电灯可以让学生看书呀。学生挺富"韧性",一坐下去不到十时总不肯起身。这么一来可恨煞茶博士了。

由于学校当局多次的催促,电灯公司才懒懒的派人来树电线杆,装电线,于是最近新舍也有了电灯。图书馆夜间一直开放到十时半,寝室里电灯下也可以看书,昆明夜间比白天冷得许多,谁又愿意再上茶馆呢!茶馆中联大学生的足迹便一天少似一天了。

穿过凤翥街、文林街转个弯,翠湖便在目前。翠湖很有点像西湖。有绿柳,有亭台,有二条阴暗得有诗意的长堤。黄昏时分,灯影千条晃荡水中,柳荫深处,傍水楼台处处有情人喁喁低语,更为湖上添加了不少春色。

昆明的气候因为高度和纬度的关系,终年和煦如春三月,昆明的茶花更是名闻中外。但是春天也有料峭的春寒,昆明每年也有五十天左右的寒冷。联大一年级同学老远的从沿海各省跑来,忽略了"春天的一春寒",以致挨冻的实在可不少呢。

选自《新青年》一九四○年第四卷第二期

// 在叙永的西南联大

欧阳青

设若你留心教育新闻的话,你会一点也不感到生疏与惊奇,在川南的群山中又出现一个西南联大。真的,叙永又是四川的幸运县分中之一,西南联大傍着贯穿流过叙永的永宁河边又设了一个专收容一年级新生的叙永分校!

提到联大,你会想到清华,是不?也许你没有到过清华,可是你总听到过吧!漂亮的校舍,美丽的风光,……。该有多够味呀!可是,现在的联大并不再像清华昔日的外表了!虽然她承继有清华的一切。昆明的总校,我们不说,叙永的分校,你要看校舍,那可不像大学,四座破庙——文庙、城隍庙、春秋祠、南华宫,——就算作校舍、宿舍、教室、办公室……一股脑儿都设在这里。文庙在城西,要穿过一座石桥才到。那不要紧,都是年青人,走几段路有什么要紧。

说来也许这儿全是刚刚跨进大学进门的人儿,不然怎个个都兴冲冲的呢！宿舍在春秋祠，工学院的学生宿舍在南华宫，都要跑一大段路才到文庙，教室一大部分都在文庙，哈，你看吧！男的女的，都飞快的奔跑着，因为教室小哪！抢座位，那个先到那个坐在前面，都是有好胜心，那个不情愿坐在前面呢！哈，叙永人真摸不清，为什么联大的学生走的为什么那么快！

联大是去年十一月决定在叙永设分校，一年级新生都在这儿上课，中间经过两个月的筹备，冲过千辛万苦，终于三十年一月七日开始上课。你能说中国人没有办法吗？看，两个月的功夫，就有一座大学出现。真不易。我们可以这样说，工读的学生真伟大！更有些无名的英雄更伟大！同学的帮助学校制定校舍的分配，提着粉刷来刷墙，糊窗户……那些事不干哪！联大穷学生可真不少，一方面帮助学校，一方面又可以维持吃饭，因为一天可以得到一块五角钱哪！然而这里有无名的英雄！学校有一大粪坑的粪，没有人挑，于是两位伟大的同学自告奋勇来挑！他们每天也只拿一块五角钱，然而他俩情愿，因为什么？我不妨这么说，我们是青年人哪！

校舍虽然不大美，叙永的风景可推美！有山有水，那条清澈而湍急的永宁河，博得不少的赞叹与欣赏，在月夜，你不妨守候着第一颗大星的出现！听着水声，踏着夜色，那时你会从内心感到宇宙静穆的真美！

联大的学生相当的用功，设若"夸大"点说工学院的学生更用功些，因为这是事实上的需要。南华宫每晚非至十二点灯火不得全熄。说来可怜，一灯如豆，远远的看去，真是像鬼火，一闪一闪的。可是这还得自己掏钱买，学校还没有力量管到这些事！

联大的学生相当的活跃，圣诞之夜有晚会，说着，唱着，谈着，笑着，大家都很愉快！在最近将到的春节中，也有一个同乐会。球赛也有几场，不过都没有将才出现！壁报呢！首先是《春秋》出现，结果因为形式与内容问题，惹起一场不大也不小的论战，现在有一个比较可观的古板式的《流火》出现！然而，不可否认的，将来会有更好的出现！

至于联大的膳食方面可真是严重的问题，因为叙永的一切并不比重庆便宜，设若你去馆子吃一顿便饭，恐怕非五块不可，所以我们虽然吃三十元一月的伙食还是不够小饱，而且贷金又是仅仅十四元，有人算计，每天吃三杯茶一个月还要十八元呢！

看哪！联大在川南又燃起一支火炬，这支火炬，将继续燃烧，它的火花，将炫耀神奇与美丽！它的光亮，将炫耀着英挺与光辉！

选自《学生之友》一九四一年第二期

// 西南联大在叙永

萧成资

开学前的风波

去年越南紧张的时候,联大感觉不安了,教育部也有意要联大迁入四川,所以考的榜上注明:取录联大的新生,须听候学校通告,切勿擅自入滇。

学校几次派员到宜宾、泸县、白□一带勘察,因为须顾到各方面的便利,屋宇要够容纳七八百人,生活程度要较低,买东西也要便利,事实上很难有恰合理想的地方,所以直到十一月中旬还没有确定,同学只好在各地听候消息。

在十一月十四日的报上,联大的通告登出来了,一年级校址已决定在四川叙永,并订十二月十号前开学报到,于是教职员陆续入川,同学也赶急设法启程。

于今交通困难,到四川来简直"难如上青天",我们第一次相见时，大都互相庆幸能够艰苦地来到这里。

古庙四五间

如果照林先生的意见，大学校舍要庄严古朴的话，那末，我们的几座古庙就很合理想了。

春秋祠是男同学的住舍，图书阅览室也设在这里，外间苔痕斑驳，进去须经过暗而长的甬道，祠很高敞，碧瓦雕楹，朱柱飞檐，角上都扬着铁的风铃，檐下和两厅的门上，满题着诗和字，一进门便恍惚走进了中古的世界。

女同学住在帝主宫，南华宫住着大部分工学院的男同学，实验室设在天上宫里，这些庙名似乎也很惹人爱的。

紧张的战斗生活

我们的生活有两方面：一是物质生活的痛苦，一是精神生活的快乐。

虽然是严寒的气候，以前我们要到河边去洗脸，于今好些了，可是天不曾亮就起来，也难抢得一滴冷水，有钱的花两块钱可以到澡堂里去洗一个澡，贫苦的同学就只好将就过了，卫生学在联大是背时倒运的，因为日常生活的设施，学校当局无法顾到，同学自己也顾不到——苦已经是习惯，便听其自然了。

我们不见开水也两个多月，只好吃饭时多喝点米汤，菜没油也不咸，饭常常要抢，想吃饱太不容易了。

我们的生活是紧张的，富于战斗意味的，从抢早餐的稀饭开始，中间抢教室座位，抢借图书，抢阅览室位置，晚上下自修的铃声响了，一天的战斗才算收场。

但我们的精神还快乐，人是常爱在理想中寻梦的。

浓厚的读书空气

联大的读书空气像春酒一样浓厚。图书馆没有开门，门口便挤满人了，门一开，便蜂拥进去，争先借书，像一群抢购车票逃难的人。

半夜还有不少的人点着黯淡的菜油灯工作，天没亮阅览室常又有灯光了。

近来壁报像春草勃发，其中《野草莓画刊》，也有泼辣的文字;《么之》刊登短小精悍的作品;《布谷》专载诗歌，《流火》是综合性的刊物。

联大的考试也像"蜀道"一样难，和从前自由学术的风气大异其趣了。不过，恐怕这也是促成读书风气的一个原因。

选自《读书通讯》一九四一年五月十六日第廿五期

// 蜀道难·叙永的一周间

罗常培

> 蜀道之难难于上青天，使人听此凋朱颜！
> 蜀道之难难于上青天，侧身西望长咨嗟！
> 其险也如此，嗟尔远道之人胡为乎来哉？
>
> ——节录李白句

缘 起

我这次虽然没经过夔门剑阁那样艰难的"蜀道"，却在坦途中饱尝了现代蜀道的艰难！

这次的旅程经过了东川西川和川南的大部分，行期延长到三个多月。所用的交通工具一共有九种：最进步的是飞机，最原始的是鸡公车，介乎两者之间的还有小汽车，木炭汽车，酒精卡车，轮船，柏木船，黄包车，滑竿等等。行期的大部分都耗费在等车，候船，汽车抛锚，山洪冲断公路……许多想不到的事情上面，真正花费在想到的地方，想作的事，想看的朋友，乃至于想游览的山水等等上的时间，却并没有多少。

我这次的旅伴有梅月涵郑毅生两位先生。旅行的目的是为到重庆向教育部接洽西南联大的几件校务，到叙永视察分校，到李庄参观中央研究院的历史语言研究所和社会科学研究所，并且审查北大文科研究所三个毕业生的论文，到乐山峨眉成都各处参观武汉、四川、华西、齐鲁、金陵各大学，并且访问几位现在假期中的联大老教授劝他们返校顺便还看看北大清华两校的毕业同学在各地服务的状况。自然，在公事方面他们两位是主角，我不过负着一小部分任务罢了。

叙永的一周间

六月九日十点半从中国旅行社出发，顺着川滇公路南行，路旁遍种着桂圆树，绿莹莹地结实累累，颇有点儿南国的风味，这天正赶上个浓云蔽日的阴天，车开起来，风飕飕地吹动了衬衫，身上登时爽快好多。过纳溪县后，沿着永宁河纡曲前进，水转澄碧，山渐奇峭，田禾盈畴，地无隙壤。连山坡河埂都密匝匝的种满了庄稼，真正可算是善用地利了。毅生说，诸葛武侯在北伐以前，恐怕拿一隅的蜀地去抵抗中原，资源或有不济，于是先休养生息三年然后出兵，所以《蜀志·后主传》有"二年春，务农殖谷，闭关息民"的记载。地利的开发，或者从那时候起。途中经过渠坝驿、大洲驿、上马场、九鼎山等。九鼎山上有关于吴三桂的遗迹,因为要下车过河,颇费时间,我们就没能去凭吊。下午一点五十分到江门,午尖,两点半继续前进。路过马岭,是前北大教授张真如的故里;兴隆场,是黄季陆的故里;车子都匆匆开过,没能停留,四点半到叙永车站,有联大分校庶务员罗岐生来接,他已经在中国旅行社替我们定好房间了。旅行社是就着古万寿寺改造的,清洁幽静,胜于泸州。经理虞伟如比泸州的薛卓钧还透着干练。他在院子里给我们布置了一个露天客厅,席棚虽然没遮好,可是铺着地毡,摆着藤椅,亦堂皇,也雅致,简直不像是僻处川南的内地样儿。

当晚会到杨今甫先生,国文系的同人也找我来谈这一年来大一国文的授课情形。夜里下了很大的雨,盖着棉被还嫌冷,这是我入川以来第一次感觉到的一点儿秋意。

"万寿朝霞"算是叙永八景之一,可是第二天起来仍然落雨,因此我们虽然住在古万寿寺的遗址也不能领略这个风景究竟有什么好看。我们因为急于想看一看分校的种种,九点钟就冒着雨进城,道路泥泞非常难走。叙永有两个城:永宁河东是旧永宁县城;河西是旧叙永厅城,关于他们建置的沿革,吴辰伯在《星期评论》上有一篇很详细的考证,这里就不再复述了。联大分校所占的地方一共有六处:东城两处,总办公处在县文庙,女生宿舍在帝主宫;西城四处,先修班在府城隍庙,教室和工院宿舍在南华宫,教职员和大部分学生宿舍在春秋祠，图书馆和实验室在天上宫。春秋祠原来是陕西会馆，建筑得很宏丽，朱甍碧瓦，画栋雕梁，真有点儿像北平的几个大祠宇。其中有一座祀神的戏台，栏杆上刻着全部关羽事迹，雕工精致的很，拿它来作宿舍未免有点儿可惜。我们九点半到总办公处，由杨今甫褚士荃领导着视察各部分，并到春秋祠拜访各位同人。下午四点钟梅先生在寓所召集分校校务委员会，报告常务委员会对于下年度分校问题考虑的经过，今甫因为突发高热没能出席。

六月十一日十点四十分我在县文庙里的第二十教室讲演"中国人与中国文"，为是让一般学生知道大一国文的重要性，并略述西南联大文学院中国文学系和师范学院国文学系的近况。听众约五百人，一年级的学生大部分都到了。十二点二十分有空袭警报，下午三点紧急，三点四十分解除。这里的同人和学生对于警报看得并不十分严重，除去少数见"机"而作，不俟终日的朋友，大部分都不躲避。这种镇定是不足为训的。大凡住在一个没被轰炸过的城市里的人们，差不多都有这种态度。可是一旦遭遇空袭就会受很多无谓的牺牲。以往的嘉定泸州便可以当作殷鉴。所以梅先生在第二天的国民月会里郑重的提出这个意思来请大家注意。四点梅先生约分校全体同人和各家眷属在中国旅行社茶会。七点中国文学系同人在四川旅行社招待我晚餐，席间就便问起讲读的进度，作文的次数，分组的标准和各组学生的程度。我很高兴本系这几位同人都能在杨今甫彭啸咸两先生领导之下，努力合作，各尽本分。

十二日上午十点冒雨进城到南华宫参加国民月会梅先生报告总校状况，并告诫学生对于选择院系应就个人才性学力和整个的学术前途着想，不可很短视的只注意到眼前的出路。午后三点清华同学会在南华宫招待梅先生，北大同学会在城东公园复兴亭招待毅生和我。毅生报告学校南迁以后的状况。我说学校是一个有机体，要求它的发展，得仗着每个细胞都能各尽本分。大家应当继续发扬北大的"大"处，贯彻蔡孑民先生遗留给我们的"博大和坚贞"的精神，还得要不流于散漫懈怠。此外译学馆的老同学谢孜端（式瑾）和吴之椿程毓淮两位教授都有演说，程先生的话尤为诚恳动人。

十三日天已转晴。下午三点历史学会代表许受谔约毅生和我在二十教室演讲。毅生讲"研究历史应注意的几点"，摭出叙永史地就近举例，颇为动听。我的讲题是"读书八式"，共分涵泳自得、采花酿蜜、剥茧抽丝、磁石引铁、披砂拣金、郢书燕说、过眼云烟、挦摭饾饤八目。第一式为爱好文艺，或性近玄思的来说；第二式为铢积寸累，日知其所无，月无忘其所能的来说；第三式为钻研一题，逐渐深入的来说；第四式为学有重心，左右逢源的来说；第五式为信手翻检，摭拾菁华的来说；第六式为穿凿附会，自欺欺人的来说；第七式为随眼滑过，不求甚解的来说；第八式为剽窃陈言，因袭堆砌的来说。这无非想指出几种念书的方法来好教学生知道怎样抉择。听众约三百余人。讲毕汗流浃背，辰伯在西南餐厅招待冷饮。晚六点访今甫谈总校中国文学系近况，并询问分校大一国文的各种问题。

　　十四日决定返泸州。上午十一点从中国旅行社出发，黄中孚陈耕陶同行。下午一点半抵大洲驿，茶尖。大洲驿的对岸就是护国镇，从前叫做叙蓬溪。民国五年护国之役蔡松坡的司令部曾经设在这个地方，因此才改成现在的名称。在大洲驿河边的"护国岩"上面还刻着蔡松坡的题字。两点多钟到花背溪参观汪殿华主持的化验室。李忍涛、杨昌龄、姚筱端三位昨晚从古宋赶来，也在这里等候我们。这个地方楠木高耸，丛竹遍山，背岭临溪，非常幽静。六点半渡河登车，忍涛领导我们到双河场参观他所领导的一部分学生们住处，所有寝室、游艺室、讲堂、厨房等都作到纪律化、整洁化的地步。参观完了和忍涛握别，送昌龄筱端回纳溪。八点多才赶回蓝田坝。

　　　　选自《当代评论》一九四一年十一月第一卷第十九期、第二十期

// 联大分校在叙永

包 威

叙永位于川南,为一寂寞之边城,迨川滇公路通车后,市面乃渐趋繁盛。郭外群山绵亘,风物秀丽。永宁河自南蜿蜒向北,舟楫可通泸州,把这地方装饰得更其美丽和旖旎。

自湖南来叙永,大致可分这几条路。一取道湘川公路直达重庆,自重庆溯江上泸州转叙永。一自沅陵经晃县或自桂林经宜山到贵阳,到贵阳可分两道走,其一乘车到重庆,路线与前同,其一公路西北则到毕节,经川滇路北行到叙永。我因为是在昆明参加统考,来时系取道川滇公路。关于年来湘川交通情形,知道得很少。我以为一般人能有机会看看祖国雄伟的山川,倒是一回珍贵的经历。

联大分校筹设叙永,最大原因是去年敌军自越南登陆,昆明威胁益增,校方乃有倡议迁川之说,但员生数千人,图书仪器亦为数不少,加以交通工具缺乏,其结果,便只好在叙永设立分校。分校同学皆系新生,由于筹设为期至短,初来时起居饮食,俱不方便。许多自湖南来的同学,尤其对大学生涯深抱热情和神往的,不免要感到几许失望。然而在很暂的时间里,便会渐渐地安定下来。一切迁来后方的大学,其起居都是很简陋的。加以后方生活太高,关于饮食方面,质量皆极素薄(我们伙食每月四十五元,犹在上涨)。我希望每个想升学的同学,皆抱定刻苦的精神,在这种艰苦的环境中努力充实自己。

分校在叙永租用了许多庙宇,如春秋祠,南华宫,文庙,天上宫,地主宫,城隍庙等处,或作宿舍,或作教舍,或为实验室,或为图书馆。由于这城市并不太大,虽散处各方,是丝毫不影响学习的。联大既为三校(北大、清华、南开)组织成立,一切皆集三校之大成。考试极频,得分不易,此点似接受了清华的传统。在这里,除开研究中文或中国历史,一切教本皆用英文。联大教授差不多皆属国内名流,如其你喜欢听名教授的讲述,联大是绝不会使你失望的。

在分校的高五同学,除我外有徐继濂与王培江,在昆明的有赖湘祥。(二年级)皆读经济系。这年度,读经济系的同学差不多占法学院人数百分之九十强。文学院则以外语系同学多一点。

离开母校已整整三年,很少写作,自己觉得这篇文章实不足说出联大分校的万一。如果母校同学有志愿下年度投考联大的,迳以书函相询问,我一定会竭诚尽我所知奉答的。希望母校同学不以此文之草率见罪。

选自《妙中月刊》一九四四年第二十六期,湖南妙高峰中学编

// 西南联大在昆明

树 玉

北大有如海似的包涵，清华有如山似的坚定，南开有如云似的智慧。联大继承了三校的精神，创建了新的作风。

没有到过昆明的人，恐怕不会想像到昆的美丽，四季如春的气候就是使您感到万分的诧异，何况西山翠湖大观楼的名胜更能使您回味到北平的西山北海和颐和园的美景呢？这里没有柏油马路，但是满铺青石的道路，光滑而平坦，却是另饶一种苍老的古风。联大新校舍位于大西门外，前临滇缅大路，后饶滇缅铁路，左通莲花池，右达滇池。在如此优美的环境中，联大慢慢地成长起来。

前年因时势关系，联大曾设分校于四川叙永，但因感到各方的不便，于是，于去暑迁回昆明。随着国防建设的转变，昆明一天天地繁华起来，相反的，我们的生活却是一天天地苦起来，不，与其说苦不如说紧张。说起来亦真可笑，联大的"抢"在西南很驰名，清晨起来连洗脸的功夫亦没有，就开始了抢的生活。首先您的跑到教室中去抢座位，听讲的人数总有二百多但是座位只有一百多个。如果您要落后的话，不得不伫立窗外受伸颈侧耳的痛苦。谈到吃饭，即以迅速为佳，因为饭菜的不够，已经成了必然的事实，假使您竞争落伍的话，惟有望桶长叹而已。还有图书馆中的抢参考书，身体孱弱的同学只有退让大吉。每天"三抢"形成了我们紧张的生活。

这里的工学院位于拓东路，功课最为繁重，书呆子们日夜努力的结果，每年暑假被刷下来的总要占半数以上。教授总说学生程度太差，学生却怨教授丝毫不能妥协。同学们每日全在考试中忙着，却是放假的时候，亦没有一刻的有闲暇，野外二头跑，着实令人累得头疼。

法商学院的同学们只要英文程度高，不缺课，学期的考试是很容易应付的。文学院理学院中大多数仍是北大的老教授，自然、自由的作风仍是他们一贯的政策。师范学院功课较轻，因此同学们在课外活动方面来的格外起劲。

这里所创办的杂志与壁报很多，就我所知杂志方面则以言论自由为原则，只要您有理由的话，就可以大吹大擂一阵，因此每日笔战甚为热烈。

以上所讲的只是我对联大的一点小小认识。这里的同乡为数甚少，本来于去年暑假我们就渴望着总有几位同乡的来临，但是我们的热望变成了失望。也许不便的交通路途的遥远阻止了我们的会见,但是我们相信今暑四校联考后,一定会有很多的同乡不辞劳苦远涉联大来与我们重温乡情的。

选自《察省青年》一九四二年第二期

// 国立西南联合大学概况

周福明

国立西南联合大学，顾名思义，是由清华南开北大三大学联合而成的，位于自由中国西南部的主要城市——昆明。各校在战前均各知名，在过去各有光荣的历史，故合并后亦成为内地最著名的大学。联大的分科共设五个学院即文学院，理学院，法商学院，工学院与师范学院。文学院分中国文学，外国语文学，哲学心理学与历史社会学四系，理学院分数学，物理学，化学与地理学（包括地质，地理，气象）五系，法商学院分政治，法律、经济学与商学四系。工学院分化学工程学，土木工程学，电机工程学、机械工程学与航空工程学五系。师范学院分教育，公民训育，国文，英语，史地学，理化学与数学七系，各系编制与其他各国院校无异，大凡一年级时皆着重于基本科学的灌输，至二三四年时始各渐进于专门学术的训练。各系教授皆为吾国学术界之蓍宿，如全国物理学会会长吴有训先生即为本校理学院院长，负责开发内地水力之施嘉炀先生即为本校工学院院长，他如文学院院长冯友兰先生，全国化学学会会长曾昭抡先生，生物学家陈桢先生，古生物学家孙云铸，地质学家张席褆先生，哲学家金岳霖先生，数学家姜立夫，刘薰宇等皆为一时之秀。

校舍的分布更不出以半里为半语的圆周内，昆明的西域为全市文化之区，从大西门直达小西门也就是联大的根据地。为了疏散的缘故，云南省立的九个中学都迁到城外乡下之区，这却便宜了联大，就把这几处地方租下来作为战时的校舍。昆华工业学校作为联大的总办公处及女生宿舍，一座三层楼的西式大厦建筑倒也不坏。昆华中学南院是文法商三学院三年级以上的男生宿舍，这大概以前是和尚的云房，所以光线不好，幸有电灯可以救济。几个大殿都改作大教室，每逢大教授开讲时，三百余的座位，当然是客满，外面还站满了不少的人，大有从前书院讲学之风。昆华中学北院是师范学院，还有十余个教室，晚间的功课大概都在这边。新校舍在城外，泥草盖成的，是适应战时的建筑，不怕烧夷弹，宿舍约二十余间。一年级新生，理学院二三年级的同学都住在那里。还有三十余间教室没有玻璃窗，光线虽好，可是寒风无阻，所幸昆明白天不十分冷，否则真有点难受。容纳四五百人的大图书馆与杂志室也（在）那里。在马路（是通大理的公路）的对面也是新校舍的区域，医院与理学院的各系实验室都在此。此外在东门外迤西会馆也有联大的校舍——是工学院二三四年级的教室与宿舍，占地也很广大，且建有工学院各实习工厂。

联大的设备在国中也（可）说是很完备的了，举凡物理、化学、生物等实验竟莫不具备尤以地质地理气象系的实验室中，陈列的各种化石、岩石，真是五光十色，美不胜收，埋首其中者，大有人在。联大同学读书的空气亦极浓厚，图书馆大阅览室，曾可容五百余人，但开放时，室中无不满座。尤其在夜间开放之前，门前鹄候者尤众，其未得座位者，多至学校附近的小茶馆内要五分钱坐数小时借光读书，故每晚附近各茶馆真不利市三倍，盛况空前。其他如各院系之共开讨论会、学术讲演会等，日有所闻，而所讨论者率非平常浮泛之问题，皆属专门的学术问题，职是之故，上届庚款录取诸生大半出自该校。

联大同学的活动方面也很活跃。平时的团体有各地同乡会、同学会、女同学会、化学学会、各种工程学会等，在春假时又临时组织滇池环湖兵役宣传团等，对国家的贡献都很伟大。联大同学的生活情形，一般地说，都比上海的大学来得清苦，衣服，虽然西装革履的也有，但泰半都是东补西补的，这在上海好像是太不相像了，但在那望看惯了不算什么希奇。吃的方面，十多元钱一月的伙食比上海黄包车夫吃的还不如，假如吃惯了那里的菜，恐怕只会知道世界上只有这四样菜，这就是绿豆芽、马铃薯、豆腐与豆瓣，而且烧菜不用油，用盐也省得可怜，其所以那里的菜，都是用开水烧成，所以是淡而无味。不过那里的同学倒也过惯了不见得萎靡。住的方面有幸与不幸之分，有的房间里有电灯，有的房间里都没有电灯，那只好以油灯代之。女生宿舍是一座古庙改成的，因为庙的屋顶很高，所以把它隔成二层，每层住四十人，又是上下铺的，坐起来头就将碰屋顶，其高度可知。桌子是十人合用一张，别说都是摆热水瓶等杂物，连站在四边都站不下。椅子是没有的因为饭堂里吃饭都没有凳，更谈不到房间里了。别的方面，校中空地很多，是（足）够散步之用，又因各处建筑都相隔很远，在这一处上了第一课，再在另一地方上第二课，其间的奔走也是很费时力的。暇时如欲往城里走走，那就非得步行不可，黄包车起码需五毛钱，公共汽车可以说是少得没有。昆明的生活程度较上海要高上几倍，动辄几元几毛的，故外地来昆的同学，设非家境富裕是很难应付的。因此校中有救济金贷金之设，原为每月十元，现已增为每月十四元，其特别清寒者另给日用费每月三元，尤清寒者更酬给书籍、服装费等，故学生都能安心攻读了。

选自《大学季刊》一九四一年第一至二期合刊

// 西南联大剪影

江 帆

联大的前身是清华,北大,南开。三校各有各的历史与其精神,不仅在学术研究上各有其特色,就是学生的生活表现也有其不同的风格:譬如清华重平均发展与研究,北大以中国的牛津剑桥自居,重自由研究,南开重活的教育。精神上,各有其区别,但有一共同的原则:那就是学术独立,教育神圣。因此,三校才精诚的联合起来。

自平津失陷后,三校当局于廿六年十一月一日迁至长沙圣经书院联合复课,于廿七年一月迁滇,始改为国立西南联合大学。

联大成立后,外间便有一些"联而不合""即将分裂"的谣传,其实,这些谣传不是有意攻讦便是不明联大内情,笔者敢向各界保证联大是不会分家的;记得有一次张伯苓先生在校对同学说:"我们合不得也要合,不联合便是中国教育的大败……蒋校长是我数十年的老友，他可完全代表我，梅校长是我们南开中学第一班的学生，我们三人没有不可合的，联大也没有不可合的……"（大意如此）。去年蒋梦麟先生在重庆清华同学会庆祝梅校长服务母校二十五周年会上说："联大校政处理得很好，我像一只猴子外面跳来跳去接洽事务，梅校长像只骆驼，每日在办公室里规划，督导，处理公文，帐目审核得很清楚，他一步一步使校政走上康庄大道；我们是彻底合作的，……"（大意如此）由这两段话看来便知联大是既联又合了。

联大的教育精神，仍然保持三校原有的精神——学术独立，在课程方面都是采清华的办法，一年级特别注重基本知识，英文水准相当高，因此每年总有许多被淘汰的学生，留级的更多；考试更为严格，舞弊便是开除的罪状，不看参考书便有失败的危险，因此一般学生都极勤勉的研读。至于教授的治学与教学精神，都是很坦白的，没有那个想利用学生来作轨外的政治活动；这不能不敬佩教授们的人格高尚了。

现在联大的学生，除极少数的外，都是在昆明入学的。不过三校还各有其办事处，研究所是各别独立的，仅在研究上保持联系，南开有经济研究所，北大有文法工研究所，清华有文、理、法研究所，尚有独立的航空，金属，国情调查，农业，无线电等五特种研究所。此外，联大尚有一行政研究室；至于大学部则有文、法、理、工、商、师等六院，共三十余系，有许多系里又分组。过去有许多系在国内是很有声誉的，如南开的商学院，北大的中国文学、外国文学、地质学，清华的数、理、化、土木等系。

其次谈到联大的设备，大致尚能敷用。理工学院的仪器，大部分是清华的旧物，后来略有增益，并得几个国防机关的合作，更不感缺乏。文学院的图书年来也大量增加，更有一部分是一美人士捐赠的，全数达十万册。总之，在今日一般大学中，联大总算设备最完善的一个。

同学的生活是比较苦，因为多数是来自战区，经济都不充裕，贷金也不很多，吃了饭就没有钱用，好在现在实行了工读的办法，稍可弥补。至于团体活动，学校向来采取放任主义的，只要不违背抗建国策，任何团体均可存在。差不多天天有集会，到处有壁报，文艺刊，特刊，政论刊，综合刊，木刻，漫画等，五光十色，无一不有；最大的团体是学生会，她成立于廿八年的"五四"，因为有校内各团体的拥护与青年团的扶助，工作成绩表现得很好。青年团分团部的服务工作，更为校方和同学所称誉了。

选自《读书通讯》一九四二年第三十五期

// 告投考西南联大者

方 力

（一）投考前和入学前的准备

最值得说一说的是英文。联大对于英文，水准提得相当高。一年级新生在录取以后，还得参加"英文甄别试验"。若应付甄别这个试验的成绩不够标准，便不能选习大一英文，只能降入"英文补习班"。联大对一年级新生都假定他们已对英文文法有相当基础。所以入学以前，对英文文法应先下一番工夫，否则入学后势必感到很大痛苦。

此外，值得一提的，是联大的国文教员希望同学们做白话文（但若续做文言，那也并不禁止）。入学考试时也是如此。

（二）投考那一系？

联大是由三个大学（清华、北大、南开）合成的，所以各系的教授都很多。大体说来，每一系都相当好。谚云："行行出状元"，所以选择院和系时不必以毕业后的出路的好坏作标准。主要应根据自己的兴趣。必须有浓厚的兴趣，才能把功课念好；若能把功课念好，则毕业后必定有好的出路。不过，欲进工学院的任何一系的同学却受到一点限制。就是，身体不大健康的，不应入工学院。因为工学院的应修学分较其他学院要多些，且小考的次数较多（这是联大工学院的特色），而且实习的时间较多。如身体太弱，恐会"吃弗消"。

（三）入学后的经济问题

由于战争的影响，有些同学不能得到家属的资助。不过在联大，即使绝对没有任何经济来源，也能照常求学。因为校内的膳食贷金很易请准。有了贷金，膳食已大体解决。无论假期或上课时间，青年会学生救济会经常替清寒同学设置许多工读机会，惜工读金很少。平时零用钱化得较多的，则可设法找家庭教师，中学教员或其他机关的职业。昆明可说是"事浮于人"，工读工作并不怎么难找。有些同学利用寒假，在这三个月里整天努力工作，所得报酬尽可能地积蓄下来，借以解决开学后的生活费用。若同学根基较差或身体不够健康，或因其他缘故，担任了工读工作，势必不能正常地应付学校里的功课：在这样的情形之下，最适当的补救办法是实行五年计划，就是把四年的功课分配在五年里读完。实行五年计划时，每年的功课必定很轻松。总之，在联大求学的同学，经济问题必定能想法解决。

（四）联大的图书和实验设备

联大在过去几年里，只在前年暑假里被炸一次。那次被炸坏的只若干办公室和学生寝室。图书和实验设备，可说完全无恙。图书每年都添购一些。实验设备可以经常的使用，诚然不免一年不如一年，不过减少或损坏得很有限，因一小部分可随时添购，一小部分（如某些化学药品）可设法自制。

（五）校风和日常生活

第一个特色是"自由"。通常上课都是不点名的（惟有少数例外）。这里并不强迫你非上课不可，只要求你确能学到智识而把考试应付过去。由于教授多，各系所开的课程，花样多极了。在开学时只要不抵触某些限制，这许多花样可任你去选习。图书馆里的关于政治方面的书籍，各党各派的都有。图书馆的书刊阅览室里经常地陈列着各党各派的报章杂志。"上课不点名"和"图书馆里的陈列各党各派的东西"可说是超出了应有的自由的限度以外了。不过，有时也有好处。例如上课不点名似乎可以养成学生的自动求学的精神。

第二特色是散漫。无论学校当局与同学之间，或教授与同学之间，甚至是同学与同学之间似乎缺乏适当的联系，校内虽有一个全校性的"学生自治会"，它也差不多可说是"名存实亡"。散漫的确是联大的一个缺憾。

第三个特色是读书之空气浓厚。大体说来，联大同学的求学精神是值得校外人士的赞美的。图书馆的几个阅览室里，常是坐得满满的。教室在不上课时也常有同学在里面用功。尽管上课不点名，旷课的情形极少。有时教室里的位子不够，就立着听讲。平均起来，每月至少有二次以上的名人演讲。同学们往往即使明天要应付一个考试，今天仍自动地挤到人群里去听演讲，假使演讲者或演讲的内容合他的胃口的话。总之，联大同学是好学的，不过并不是"死读书"。

选自《青年杂志》一九四三年六月十六日第一卷第二期

// 可爱的联大
——献给未来的新同学们

联大航空系一九四三级级会

　　万里长征，辞却了五朝宫阙。暂驻足，衡山湘水，又成离别。绝徼移栽桢干质，九州遍洒黎元血。尽笳吹弦诵在山城，情弥切。 千秋耻，终当雪，中兴业，须人杰。便一成三户，壮怀难折。多难殷忧新国运，动心忍性希前哲。待驱除仇寇复神京，还燕碣。

——校歌

　　联大承接了北方三个有名的大学——北大清华南开——的系统，融汇成为一气，兼蓄众长，收容并包，而且更发扬光大。当兵慌马乱的今日，能够在山城弦诵不绝为国家民族制造大批的新战士，建立复兴的基础，谁说它没有伟大的怀抱和功绩。

除了工学院为实习及其他设施的便利计，分设在城内的拓东路以外，其余的文、法、理、师范四院，全集中在西门城郊，一道黑土墙圈围住被苍松荫盖的百余间茅庐，便是我们师生镇日间授课和研究的所在，可并不因为是因陋就简而减却半点对于学术探讨的热忱与决心。

像校门前马路上汽车似地一批一批的驶向远方，我们功行圆满的战士们也这样的在绿树荫浓的季节里离开了学校，奔向人生的战场；而又在深秋落叶声中迎来了大队受训的预备战士，紧接着前人的队伍，加紧的琢磨，锻炼，同向建国大道迈进。

我们在送走了已经出征的老大哥们之后，特以更热烈的心情，准备迎接这群凉秋时节行将诞生的小弟弟，分别告诉他们一点家务事，谅亦所乐闻的吧！

一、文学院

高松荫于上，乱草长于下，虽没有鸡犬相闻，可还是阡陌交通，十足的田园风味，是天设的一片文学环境，如果你有意进中文系，此地虽无菊可采，然野草闲花，到处逢迎，满可以跟渊明媲美，悠然对铁峰游目骋怀了。后门口，沿铁路线东走，数百步远的地方，松柏森森地环护着一所园子，叫做英国花园，有几分洋气，可以让你在茶余饭后去散散步，谈谈心。

要是你有考古癖,想进历史系,这儿横塘半亩,据说是陈圆圆梳妆台故址,够你去采索发掘。便是你愿意学哲学,见这样一泓清水,波光荡漾,能不惊心于瞬息间的变幻以悟彻宇宙人生的永恒法则?临流默坐,冥想移时。

联大的校风向来是以博大精深自许,表现在文学院方面最为明显,譬如中文系里有一代选学大师刘文典先生,同时也有新文艺名作家朱自清、闻一多、陈梦家诸先生,主张尽管不同,但绝不因此分裂。哲学系中国哲学名流荟萃之多,怕没有能跟联大并比的。系主任汤用彤先生佛学造诣极深,金岳霖先生所提倡的那一套逻辑系统,在中国要算开风气之先了。讲到中国哲学方面,我们的院长冯友兰先生以毕生精力专攻人文主义,他近年来出版的《新事论》《新理学》《新世训》等著作,你应该久闻大名吧!

二、法商学院

法商学院一共拥有五个学系——政治、经济、商、法律、社会。

经济系要算联大最红的一系了,它的学生之多,要压倒全文学院的学生人数,这怕也是抗战后的畸形发展吧!系主任陈岱荪先生,自从商学系主任丁佶先生,在美丽的昆明湖里结束了他伟大前途的一生后,商学系主任一职又由陈岱荪先生兼任,所以联大经商二系,实际上可以说是一系,它们间相同的课程和共有的教授很不少。

政治系主任张奚若先生是一位绅士型的人物，讲书时幽默百出，同学们听了笑得合不上嘴，他老先生却仍是一字一板毫无表示的讲下去。此外钱端升先生和崔书琴先生学问都极其渊博，著作也十分丰富。

社会系有院长陈序经先生兼任本系的教授，陈先生是"全盘西化"的主张者，曾和胡适冯友兰二先生打过不少笔墨官司。还有潘光旦先生是一位心理学专家，他担任的课是家庭问题和优生学，反对自由恋爱、可是常有一对对恋爱中的青年男女选修家庭问题。系主任陈达是中国研究人口问题的权威，人口问题无论在质和量的方面，他都有精深的研究。

法律系是北大的独生子，系主任燕树棠先生曾经做过北平的大理院长，讲书时一口河北定县话，现行的亲属法是他亲笔草拟的，一方面要适应世界潮流，又要适合中国的旧习惯，的确费了他许多脑筋。

三、理学院

理学院搜集了北大清华南开三校的精华，不但能够维持它过去的风韵，而且因战事的需要，反有蒸蒸日上的趋势。物理系的吴有训先生(兼院长)叶企孙先生饶毓泰先生等都是国内最优秀的物理学家，算学系的华罗庚先生像英国的跛脚诗人拜伦一样享名世界，他的数论曾经轰动了英国的剑桥大学。再如生物系主任李继侗先生，研究五花鱼而震动生物界的陈桢先生，化学系好作绮丽小诗和旅行的曾昭抡先生，地质气学系的专门教授孙云铸张席禔李宪之诸先生都是全国甚至于远东闻名的学者。

理学院的学生，有着坚强的理智，配合着青年人应有的热情，在这个伟大无情的时代里一方面被迫着躲避万恶的侵略者，一方面又要在艰苦的环境里创造，发明，他们的脸永远向着朝阳，茫茫的草莽，神秘的森林，荒山的岩石，正在等待你们的追求和拥抱。

理学院的各系，是需要实验的，我们的仪器和器材一部分是由原来三校抢运出来的，一部是由长沙来昆的时候从沪港采购的，目前的战时环境中，还可以说是应有尽有。

四、工学院

门上的那面牌子似乎太小了，颜色也非常暗淡。门里是一所颇为宽畅的院落，院东一排小屋是土木、机械、电机三系的办公室，西边是航空同化工两系的办公室。再进两层门有一座巍巍大楼，那是图书馆，教室像和人捉迷藏似地都在角落里躲着，再转九个弯，一阵叮当华拉之声，眼前便另是一番景色了，铁工厂的炉子吐着红舌头，木工厂里铇子背上吐着一卷一卷的木皮，最热闹的还是金工厂，一天到晚直转的天翻地覆。电机实验室满地躺着各式的电机，活像一群小猪，化工实验室满是些红红绿绿的玻璃家伙。航空系的"大风洞"开动起来的时候可要吓得你心惧不止,土木系的名目繁多,不及备载。

生活在这地方的我们,动作也正是如此,动起来须像飞轮旋转,静下去又要如测量仪的三足架子,早上,在梦里吃了稀饭,课堂上,才清醒过来,午间你要想早一分钟进食堂,监厨先生一定要请你为大家"等一等"。夜里十点钟了,图书馆灯下的人还在算尺上找第三位,楼窗外纵是一片月光笼着绿油油的田野,诗意盈盈,谁还管他呢!

人家说整日与机械为伍,人也会成了机械,其实大不然,你看那一次全校运动会中,不是工学院夺得冠军,什么全校的话剧演出、音乐会、游艺会、夏令营等,那一次没有工学院的干部在主持,就以哲学科学和艺术的修养来说,工学院的那三张定期壁报,会告诉你真的事实的。我们的结论是这样,唯有在最紧张的生活环境下,才可以锻炼出最健康最活泼的现代青年。

五、师范学院

倘若有的青年朋友决定愿意投身于教育事业而助我国家百年大计的话,在这里我向他们介绍联大的师院。

师范学院一共有七个学系:国文,英语,算学,理化,史地,公民训育和教育。这七系的设立,完全配合着中等教育阶段甚至教育行政上的需要。各系科目大多与文法理三院的各系差不多，和他们在一齐上课。此外，他们需要对于教育有相当的认识和探讨，需要对于中学教育有丰富的兴趣和经验，所以师范学院的年限比其他各院要延长一年，三年级的时候还要经过国英文两种工具学科的甄别考试，各系都要学毕一百七十学分才能毕业。

同学的生活，在师院有四个特色：（一）是家庭化的，师生同处，互相尊敬认识，好似家庭中的父母兄弟姊妹一样。（二）是纪律化的，完全实行军事管理，早上要绝早起来升旗和早操。（三）是劳动化的，在课余的时候常常种菜，养养家畜或者像女同学们忙着一天到晚编织毛绳衣等。（四）是学术化的，他们有特有的图书室，有各种学会、读书会、讨论会的组织，学术研究的风气很浓厚。

最后，我们敢向未来的小弟弟们进一点忠告。希望你们能在未入大学之先，对于个人自己的兴趣和志愿，有一番深刻的考虑和认识，否则你将来会感到很大的苦恼的。在这里，我们愿以最大的同情，欢迎诸位来参加到我们的队伍，共同担负起未来的建国责任。

选自《联大投考指南》，联大航空系一九四三级级会编印，一九四三年六月出版

// 联大介绍
——献给欲投考联大的同学们

联大云南同学会工学院分会

在西南高原上,联大早已不是一个陌生的名词了。这,因为在学术上,她不仅表现了宏大的成就;也更充分地表现了自由学习的特有作风。谁都知道联大是在战争里诞生的,她的前身是北大,清华,南开三校,因为由这三校合并而成,遂充分地具有这三校特有的作风了。

就内部的院系来说:全校分文,理,法商,工,师范五学院及二专修科。

文学院分为四系,即中国文学系,外国语文系,历史系及哲学心理系。荟萃了全国优秀的学者和专家,在学术上也有着很大的贡献。其中哲学心理系又分为哲学与心理二组,心理组所习课程较接近于自然科学。

法商学院是由北大，清华的法学院及南开的商学院合并而成，全院分为政治，法律，社会，经济，商学五系，其中只商学系属商学院，所习课程与经济系相差无几，故这院也可称之为法学院。法商学院是全校最大的一院，同学近千人，以经济系的人数为最多。

理学院分物理，化学，算学，生物，地质地理气象五学系，就实验的设备来说，在目前全国各大学中，能具有这样充足的设备，也属少有了。

工学院分土木，机械，电机，航空，化工五学系及一电讯专修科，因为需要庞大的实习工厂和设备，以致造成了工学院的分设，院中的各种实习工厂和设备是很少有其他学校能像这样完备的。全院的同学约近三百，谁都知道工学院的功课，其繁重的程度是超乎其他院之上的，可是在繁重的学习下，工学院同学所表现于课外活动上的，也不逊于其他各院系。

师范学院的前身是北大的教育系，全院分教育，公民训育，史地，理化，数学，国文，英语等七系，及一与云南省教育厅合办的专修科（或称初级部）。其中分数理化，文史地两组，毕业年限三年。

最后须得声明的，本文因限于篇幅，只能作一概括的介绍，这是编辑同人深以为憾的事。我们希冀与祝福着更多的青年朋友们迈步到这阵营里来。

选自《联大入学试题集解》，西南联大云南同学会工学院分会编，一九四五年六月印

// 我们眼里的西南联大

联大联风社

《扫荡报》编者按：就国内来说，西南联大是最完备最好的一个大学，为了便利国内同学们投考入学起见，我们愿把他介绍一下。文系联风社应我们的约请，写寄来的，今发表于此，希各地同学们及各界人士注意。

一个轮廓

为了投考联大的同学的方便起见，我们特别写了这篇"介绍联大"的文章，因为篇幅有限，凡关于投考入学手续以及各种条文的规定就只好付之缺如了。

联大是集北大、清华、南开三校组成的，校中一切行政大计，都由教授会议决定，然后交由常务委员会执行。它虽然没有校长，然而三位常务委员张伯苓、梅贻琦、蒋梦麟，都能各具作风分工合作。

联大——它承继了北大"自由宽大"的精神,所以教授中,提倡"全盘西化"的陈序经与崇拜"儒家思想"的潘光旦,可以大唱"对台戏"而不相龃龉。同学中穿破长衫、抱洋装书,而更见潇洒。

它承继了清华"迅速确实"的精神,所以办事有"干劲"。考试特别严格。至于同学为了一个问题,可以认真的争辩,尤其是科学精神的表现。

它承继了南开"进取活泼"的精神,所以教授可以谈笑话而不失庄严,同学可以由教室跳到球场而精神百倍。这种"玩时尽量玩,读书时尽量读书"的空气,充满在联大的每一个角落。

的确,这三种不同的精神与作风,融洽地流经了六年的旅程,于今已是一个和谐的整体。因此教授所主讲的讲演,每学期总在三四十次以上,同学所主办的壁报,也有二三十种之多。教授与同学一样地有生气,壁报与讲演一样地有力量。他们敢讲话,而句句讲得中肯;他们肯做事,而事事做得妥帖。教授学问愈深,其"青年的热忱"也愈高;同学的举止愈潇洒,其求学的态度也愈切实。惟其具有热忱其所授的知识才不会迂腐,惟其求学切实,其所表现的行为才不会孟浪。所以,他们在态度上,有时不免流于骄傲,但那骄傲是他们所认为值得的。行为上,他们常常着重个人的发展,但在那需要合作的时候,他们也会走到同一条路上。

其次,说到设备方面,也是集三校之大成的。虽然在逃难的途中，损失了一些图书仪器，但是普通参考的书籍，大致还能够用，大图书馆矗立在校本部的中央，可容同学七百余人，指定参考书都摆在这里面。此外，各系各有系图书馆，本系同学可以借阅。仪器方面，亦大致够用，毕竟因为战时的关系，不能做到理想的地步。

校舍，除工院是一所大会馆，师院是几所瓦屋外，校本部的新校舍，都是茅草铁箔盖成。它们平列在昆明城的西门，四周都栽满了苍劲的老松，很有些幽雅的风味。虽然是上下铺的寝室，但晚间四人共一盏电灯，倒也觉得异常明亮。工院在城内拓东路，虽然没有什么"柳暗花明"的风景，然而那森严庄丽的会馆，也很能与同学们剑拔弩张画图拉算尺的神情相配合。

膳食方面，大部同学都靠贷金维持，战区生大致都可请准贷金，其他清寒的，也可得到一些补助费。不过昆明生活费用太高，每月总得自己"津贴"几百元，这是要希望政府改善的。幸而联大伙食传统就办理得最有成绩，五六个菜，总还不离"肉皮"，难怪昆明有许多中学生要来联大"留学"哩！

最后，来谈一点入学考试方面的话。首先要说的是联大对于作文的文体，向来是限用白话，至于陈腐的思想，自然更不相宜。其他各科也多注重平均发展及基本概念的明确。联大的试题表面看来，似乎不太难，但"得分"可不很容易。在这种训练之下，联大毕业同学根基都相当稳固。对于保送的"留学"，一向是不大发生兴趣的，但公费留学考试录取的名额，都常常占了半数以上。

以上已将联大的情况,勾出了一个大概的轮廓,至于各系的作风及课业的情形,下面还要分别作一个简单的说明。

文学院素描

中国文学系:从它的前身——北大、清华诸校传统的声誉里,决定了它今日的地位。用不着多说,一个"棒"字可以足够形容了。

要进联大中文系的人,动机各异,据说也有想增进文学创作知识的。不错,在这中国新文学发源的学府里,仍旧拥有闻一多、杨振声、朱自清许多先进们,那给予你的启发,将必有其特殊的价值。但我可要告诉你,联大中文系,还有一种更了不起的成就,那便是对于语音文学方面的研究,系主任罗常培及王了一、唐兰诸教授都是致力于此的。确实,这项专门工作,要想入门,非经专家们独到的指导不可。所以如果你有志于此类"基本文化"的研究,来联大,这里客观的条件,决不致使你失望的。

外国文学系:本系同学人数之众,曾在联大文法学院诸系中次经济系而居第二位,这当然必有其可取之处。从前系主任为陈福田,现在是莫泮芹。系中有名教授很多,"红学专家"吴宓及诗人冯至、卞之琳都在这里。

固然说洋话在今日中国社会中很吃香,但这里的外文系所要培养的,倒不是在这一方面,却是要能胜任运进西洋文化的人才,所以能讲普通的外国语言是自然的形成,而能说一口流利的洋话倒不见得必然的收获。

(诗)

哲学心理系:北大偏重历史方面的探讨,清华偏重自我思想的创造,联大哲学系的血统是含蕴了两校的精华。在这儿,任你作古今中外哲学专门的研究,无不乏良师的指导,如汤用彤先生专长魏晋南北朝哲学,金岳霖先生对知识论独具慧眼,他如冯友兰先生的《中国哲学史》,沈有鼎先生的《逻辑》,都有其特殊的贡献。说到心理组方面,课程除一两门外,多与哲学系不同,它完全承继了清华的系统学。这组的同学并不太多,大约是因为太"专"了的原故吧!但这却使本组同学能在和纱图书室里,多有从事研究工作的机会。

(荃)

历史学系:"历史便是经验",它将使我们对于现实人类的一切活动,都能具有更深切一点的认识,所以如果说大学的目的在训练一种"明确的眼光"的话,那么历史一系是永远与这目的相依并行的。

在表面上看来联大的历史系与清华的关系较为密切,但实际上,与北大南开也有不可分割的关系。看参考书是这里历史系最注重的工作,也许你的成绩,就可拿看参考书的多少来衡量。那些横积纵列在眼前的洋装及线装书,都等待着你去速战速决。如果你的英文国文能力不够,将怎么办呢?系主任是雷海宗，教授多是国内著名的专家，像元史及中国近世史的邵循正，英国史及西洋史权威刘崇鋐、蔡维藩，其他如中国当代史学大师陈寅恪（暂休假）等，都不及一一详细介绍。再谈到参考书，你如果有机会能到地坛的系图书馆里去瞧瞧，那数量供你在这里面壁四年是足够有余了。

（古）

理学院一斑

物理系：理学院最值得绘的是物理系，它不仅在阵容上相当整齐，而且在事实上也表现出有特殊成就。战前清华与北大的物理系早已在国内能独树一帜，抗战后两校物理系的合流，更造成了今日物理系的充实内容。名教授如饶毓泰、赵忠尧、吴有训、霍炳权、王竹溪等不仅是国内物理界知名人士，在国际上也因有相当的学术贡献而早负盛名。目下他们的工作并不因物质困难而稍有松懈，学术空气的浓厚诚令人佩服。在设备方面，联大的图书仪器并不亚于他校，而且进一步之研究机关（如清华研究所等）也能与联大的物理系打成一片。所以要进来的同学，只须考虑自己数学物理是否已有相当根基，在他们的领导下是不会埋没天才的。

数学系：数学是以纯思的观点作一种逻辑的推理，所以要进数学系的同学得首先考虑自己的思考能力，仅仅能做一两个技术上的算题是不够的。联大的数学系也是北大与清华二校平分秋色，如蜚声中外的天才数学家华罗庚就是清华的教授。在设备方面因数学系仅须相当数量的图书，所以补充起来并不如他系之困难。目下联大数学有他自己的系图书室，专供本系教授及同学的参考。另外本系的作风在其追求独具一格之创造，所以他们除接受外更有发明。

（野）

化学系：化学系是理学院中人数最多的一系，女生独多为其显著的特点。学化学的人须有锐敏的理解力，物理数学的根底不好是无法学理论化学的。同时，学化学的人，也须富于记忆，有机化学与分析化学有赖于"死记"，并且他还要具备实验的能力，很多的化学家都因善于实验而驰名全球。目下联大化学系乃合北大、南开、清华三校之精华而成，系主任杨石先先生即为南开的教授（现为联大教务长），其他名教授如曾昭抡、高崇熙等亦在此任教，图书设备也还差强人意。

（磷）

生物系：生物系是全校中人数较少的一系。然而它的教授与设备却刚好与学生人数成反比。目下兼任大一课业委员会主席的李继侗先生即是本系的系主任。名教授如陈桢先生之专攻细胞遗传，沈同先生之生理研究，均早已卓著成绩。所以学生物的同学，除参考书的充实外，平均尚可每人得一教授指导。至于读生物所须具备的条件也相当苛刻，不过化学（特别是有机与分析）与生物尤其有不可分割的关系。

（鱼）

地学系：联大地学系是一个概括的名称，它实际上包括地质、地理、气象三组。三组中各有其独特的人物，如地质组之孙云铸、袁复礼，地理组之张印堂、鲍觉民，以及气象组之李宪之等，均能领导学生，从事各种勘测编纂的工作。据说，目下他们对云南的地层、地形、气候均有相当的研究，为将来云南的开发已奠定一良好基础。不过学地质的人除丰富的学识外，尚须有健全的体格，因为登山涉水，对他们是家常便饭，身体欠佳，就往往有"吃不消"的感觉。

（泥）

法商院五系

法商学院法律系：北大法律系的名声，用不着在这里多说，联大的法律系可说完全继承这条河流，而且各科也大致仍旧由中国法学大师燕树棠及其他几位专家分别担任着。关于"公法"多采自英美，而关于"私法"，则多半接近欧洲大陆派系统。德法俄诸国文字在中国还不大普遍，因此这方面也只好看看翻译本及国内权威的著作了。如果你要问这里多半看重那几种课程，那我无法回答，确实每科都要紧，因为各科之间往往都要互相引用解释的。你常常可看见专治内科或妇女科的医师，但从来未听说过专理民法或刑法的律师吧！

（嵩）

政治系：系主任张奚若先生好像曾经说过，联大政治系是纯粹研究政治原理的，它不与实际政治发生任何关系。的确，学术研究的空气笼罩了整个联大的政治系。在这里丝毫看不出政治上角逐的作风。系主任张奚若是清华的教授，对政治思想有特殊的造诣。吴之椿教授是以社会学的眼光来治政治思想的，他常常能表现出人所不能见到的见解。另外，北大政治系主任钱端升先生为政治制度的权威，其著作早已脍炙人口。其他，本系尚有行政研究室，足供进一步研究之用。

(名)

社会系：社会系是清华大学所独有的，它的作风也都继承清华而来。系主任原由人口问题专家陈达教授担任，上学期已改由优生学家潘光旦教授主持。系中的功课，似乎都是要同学做到"通材"的地步。教授们也特别注重同学看参考书，他们最不喜欢死读笔记的学生，在高中时，如果对文史有根底，那这系倒是不太费力的。

(调)

经济系：经济系是联大人数最多的一系，他一度被人诟病为现实主义的表现，然而研究经济的人，却知道它是一种纯理论的分析，与"升官发财"并无丝毫关系。系主任陈岱孙先生，是清华的老教授，淡泊执教达二十年以上。赵逎抟先生是北大的台柱，向负博大精深奖掖后学的盛誉。其他如伍启元、杨西孟、周炳琳、周作仁诸教授，或能以时论鸣世，或能以专著著名，所以就本系的阵容说，在全国中实无出其右者。至于读经济所须具备的条件也相当广泛，国文英文的根底自不必说，而数学修养的重要，却常常易为投考的同学所忽略。目下的经济理论，也有"数学化"的趋势，数学根基不好的同学，是无法深入堂奥的。其他，本系的图书也还勉强够用，应付同学的需要，似乎绰绰有余裕。

商学系：联大商学系与经济系仅是适用程度上的区别。大体说来，商学系较注重技术上的训练，系主任由陈岱孙先生兼任。其他如教授及图书设备也与经济系无多少区别。

（财）

工学院概况

工学院因为自成一个单位，所以在介绍各系之前必须概括的说几句话：

工学院和清华的关系较为密切，现在共有土木、机械、电机、航空、化工五系，教授大部分都是原来的，设备搬出三分之一，各项实验尚够应用，教科书、算尺和绘图仪器三者缺一不可。

工学院采取的纯粹是美国式的教育、考试是家常便饭，每星期至少一门，此外绘图实习占着整个下午，因此生活异常紧张。

工学院的课程，当然偏于实用。许多人以为工只是重技术，其实工的理论却占极重要的一部份。数学、物理（或化学）错纵的表现在各项工程里，要想学工，非对这两门有相当根底不可。许多青年由于考虑出路或受盲目宣传的影响而来考工学院，不顾个人的志趣，抹杀了个人的天性，这离教育的宗旨实在太远了。这面我们愿提出几个条件作诸君的参考：要身体强健，头脑清晰，读书做事效率要高。

虽然如此，大家却并未忘记运动和娱乐，体育会（铁马、喷火）、壁报（神曲、炉）、歌咏团（长风）把同学的精神弄得又轻松，又活泼。

土木系：土木可说是一切工程的基础，在一二三年级功课大体相同，主要科目为测量、力学、结构等，四年级分成结构、水力、道路、市政卫生四组。

机械系：联大机械系不分组，主要学科为力学热工、机械设计原理等。工业革命最重要的表现，便是机械应用之推广的一点，由是可见机械对于工业是如何重要吧。本系服务范围最广，举凡有机械的地方就少不了机械工程师。

电机系：是工业的原动力，主要课程为电工原理、交流电路、交直流电机等，在二年级下学期分电讯电力两组，前者服务范围多在电台电报电话局等处，后者则在发电厂电力制造厂。

航空系：联大本系是清华机械系航空组之扩充，教授除原有的，更有清华研究所教授担任，因此都是国内不多有的专家。此系在工院各系中比较"摩登"点，但为着中国前途作想，也实在值得一学。主要科如空气动力学、结构等据说都很伤脑筋。

化工系：一二年级完全与化学系同，三四年级则多重实用，此系"酿"造方面，是他们必须要精通的，但他们占便宜的就是绘图少。

(口)

师范院点滴

师院共包括七系（教育、公民训育、国文、英文、算学、理化、史地），是二十七年十二月十二日成立的，后五系与中国文学系及数学系等课目相同处甚多，不过更多修一些教学法一类的科目，以备作教师的需要。教育系是合并北大云大两校而成立的，课程方面，理论实际并重。公民训育系也为着自己特殊的任务，对各种概论性质的功课修得特别多。

民国三十年，为解决西南诸省的"师荒"问题，而增设初级部，该部分数理化与文史地两大组，在大组中学生选科也可依同学的兴趣有所偏重，因为迫于需要，他们三年毕业。

师院同学的生活像一个和睦的大家庭，一个食堂吃饭，一个小图书馆看书，尤其令人向往的是男女同学间的融洽。教育事业是清苦的，不过他们都有着坚忍的精神，准备作将来的武训和苏格拉底。

(全)

尾　声

综上所述，各系之间尽管有些不同，但大致你可以看出：

文法学院要多看参考书,理工学院则偏重于实习。其他作风,也与原来系统大体相似,三校原就各具所长,而联合起来,方使今日联大够称得"整齐"二字,每系都能念。如果你要考联大,剩下的条件,只在你个人的志趣与能力方面了。

其次,我们得慎重的声明几句,这篇文章只是联大联风社的几位同人,以他们个人幼稚的心情对未来的新同伴们作一种热诚的欢迎与服务而写的。当然他们没有资格完全代表联大,但这里是他们几年来对联大的一点认识,所以实际只能说是"我们眼里的联大"。

前面我们已说过,因为篇幅所限,同时又因时间与同人等之关系,自然不免有许多遗误的地方,草草地写成此文,只能当作诸君投考时的一种参考而已。

最后,此文多蒙本社导师之指正,及《扫荡报》服务社会之精神允为协助,特此一并致谢。

(联大联风社稿)

选自昆明《扫荡报》一九四四年七月二日,原题为《介绍西南联大》

// 回忆西南联合大学

履 之

去年联大校庆的时候,北大胡适校长曾经说过:"九年的流亡,九年的合作",这句话正足以说明了联大的精神。在抗战的八年中,联大虽然走过一段荆棘艰苦的道路,但在学术工作上,确尽了它的一部份力量。在抗战期中,她堪称为中国教育上一枝最有力的生力军,是大西南文化的摇篮。

光荣的历史

民国二十六年抗战军兴,平津相继沦陷敌手,北大、清华、南开三校奉政府命令迁于湖南,合组为国立长沙临时大学,以蒋梦麟、梅贻琦、张伯苓三校长为常务委员,主持校政。法、理、工三学院设于长沙,文学院设于南岳,是年十一月一日开始上课。年底京沪失守,武汉告紧,长沙临大又奉命迁移云南，师生数百人徒步南行，于二十七年四月二十六日到达昆明。旋奉命改名为国立西南联合大学，设文法学院于蒙自，理工学院于昆明，是年五月四日开始上课，一学期后，文法学院亦迁到昆明。二十七年增设师范学院。二十九年设分校于四川叙永，三十年复将分校合并于昆明本校。昆明系抗战期中后方之名城，自日军入安南陷缅甸，昆明又变为前方重镇，联大屹立其间凡九年，先后毕业学生两千余人，从军卫国学生达八百余人。三十四年秋抗战胜利，西南联大乃奉命于三十五年五月四日结束，于是年暑假分别复员平津，恢复北大、清华、南开之原来校名。

生活与学习

抗战八年中西南联大学生的活跃，确曾使昆明文化繁荣起来。那时同学的集体生活，回忆起来至为有趣，几乎每晚上都有演讲会，讨论会，每逢星期或例假，经常结伴几百人作郊外旅行，月光明媚的晚上，听教授讲故事，两千学生和数百个教职员有如一个大家庭。随着物价的上涨，抗战期中昆明永远是全国的最高峰，同学兼差的日渐多起来，兼差成为他们生活的一部，确实耗费了青年的不少精力和光阴。他们在各行各道中，担任着各形各色的职务，报馆的记者，金店的师爷，电台的播音员，电影院的广播员，小本经营商人，机关办事员，都有联大的同学。

联大精神

今天是联大的校庆日，除了对联大八年光辉的历史，抱着无限怀念与兴奋外，联大的精神，"民主，科学，合作"更值得学习。西南联合大学之使命与抗战相始终，联大学生的足迹遍布了前后方，三十三年联大四年级学生五百余人，志愿投效祖国作翻译员，在印度和缅甸等地区，不见人迹的原始森林里，和蚂蟥野兽为伍，做前线联络工作。三十四年一月二十八日联大学生二百余人响应蒋主席"十万青年十万军"的号召，他们热烈而勇毅的走进了军队的营房，这些可称道的事迹，给联大竖起了光荣之碑。

选自《华北日报》一九四七年十一月一日

// 中国的"牛津""剑桥"

丁 芬

很多人把我国的北大与清华比做英国的牛津与剑桥,假使这个比喻不错的话,那么,联大在我国学术上的地位便可想而知了!因为联大就是清华北大南开三校联合而成的。

北大是我国大学中历史最久的一个,创办于清光绪末年,当时因为列强的一再侵略,一般热心国事的人士,无不主张废科举,兴新学,于是就成立了译学馆,仕学馆,后来渐次演变而成北京大学。当时的学生差不多都是官级很高的京官,而一般教习,反而没什么官级,所以传说当时教操的教官,都要先喊一声"老爷",然后再喊"立正"或"稍息"。

清华的成立,是在庚子赔款以后,我国驻美梁公使,在翻阅过去文献时,发现我国的赔款,远过于当时各国的损失,于是就同美国当局磋商,希望退还一部,来作沟通两国文化事业的基金,后来磋商成功,就招了一批留美生,现在的逻辑权威金岳霖博士就是其中之一，之后更用庚款设立了清华留美预备学校。

从北大与清华的创立，就可以看出他们代表了两种不同的典型，一种是针对着我国，希望彻底改革；一种是针对着西洋学习他人的文明。二校成立的动机不同，日后政局的幻变对二校的影响也不同，清华，除了辛亥革命停了一年外，可以说没受多大影响；而北大，却分分合合经过了不少的变迁。

清华与北大，精神上虽然不尽相同，但有一相同之点，就是前进的精神。这种前进的精神，和当时北平保守的封建势力，当然不易调和，"五四运动"的爆发，正是因此。后来的"一二九""一二·一六"等运动，也可说是这种积极的进取精神所促成。

由于这种契合的精神，所以抗战以后，即联合为一校，而且直到如今，完整如初，没有丝毫裂痕。

所以惋惜的，就是由于昆明物价的逐步上腾，学生教授受到了极大的威胁，使大多数的教授，不得不典衣鬻文，自炊自食；大多数的学生，也过着无法再低的生活。纵然其中也有一小部分人，不甘于这样的生活，想发点外财，有的开个饭馆，有的到外面兼点差事，但这也是万般的无奈，因为精神的食粮，究竟不能完全代替物质的食粮啊！

选自《大观楼旬刊》一九四三年一月二十日第一卷第二期

生气蓬勃的西南联大

郭一民

自从平津战事发生后,南开、北京、清华三大学相率离开北平、天津原址,迁至长沙开课。民国二十七年冬,武汉弃守,长沙大火,湘北形势告急,遂再决定内迁。教授与学生分为两批,一批自长沙出发经湘西、贵阳等地徒步入滇。一批沿粤汉路至广州,乘轮船至香港,转安南河内经滇越铁路入云南,先后在昆明会合。合北京、清华、南开三大学为西南联合大学,推蒋梦麟、梅贻琦、张伯苓三人为校委。于是便在这山明水秀,富有古北平风味的昆明继续贯彻其百年树人的教育工作了。

联大迁至昆明时,并没有利用什么现成的屋宇,它的校舍都是亲自建造的,在那铲平后的一片荒凉的坟场上,一间一间用泥巴筑成的土墙,上面覆盖着茅草或铅板的小屋,星罗棋布的站着,那便是教室、图书馆、实验室和学生们的寝室。门前植有一株一株新种的松柏，终年苍翠欲滴，给这黄灰色单调的大场增添了无限的生气。虽然联大的校舍是这样的寒伧和简陋，但一当你踏进它的校门之后，你便可以闻到一种朴素的、浓郁的学府的气息。

联大给予人整个的印象，是一个朴素无华，充满着生气蓬勃的印象。他们都是一律穿布长衫，无论在什么场合中，腋下总是离不开笔记本和书籍，充分保有着当年北京、清华大学的勤俭、好学的精神。这种精神不但是学生所具有，就是在联大教授中也随处可以看到的。联大教授差不多都着蓝布长衫，西装革履对于他们实在是罕见的装束。

联大的学生十之六七都是在校外兼事的。无论是家庭教师、小公务员等等，他们都干过。有个时期，昆明街头商店里的管账先生，尽是一些联大的学生，电影院里打中文字幕（的）是联大学生，放午炮拉警报的是联大学生，甚至旅馆里当招待的也都是联大学生，这在一些后方最高学府里养尊处优的学生们看起来，是一件怎样也不会想到的事情。现在联大学生从事这种职业的人实在是很少了，但是从整个学校看起来，那种半工半读的风气依然是很盛行。

蔡孑民先生办北大时那种自由研究学术的空气，现在还很浓厚地保留在联大里，被认为（是）一种传统优良的校风。这种自由的风气不仅是指联大的学生在学术上有选择和研究的自由，而且这种情形同样也适合于他们日常的生活行动。

联大和其他大学比较起来还有一个不同的特点，就是相当注重课外活动。联大的学生自己所主办的壁报有十余种之多,内中包括文艺、理论、科学、语文等类,相当精彩。在这些壁报所登的文章里,往往可以亲切地听到学生们真实的控诉。除了壁报活动之外,学生们经常请他们校内的教授,主办座谈会,讲解各种科学、文学等类问题,并欢迎外界人士听讲。联大的学生们对于音乐和戏剧也相当有兴趣,他们自己组织了歌咏团和戏剧小组,曾经演出过几个著名的话剧,很得到昆明观众的好评。去年寒假,联大的三民主义青年团曾到大理、蒙自、石林旅行,沿途并演剧劳军,给予滇西的国军精神上不少的安慰。

选自《联合周报》一九四四年八月五日"青年界"副刊首期

// 在昆明

章廷谦

我是在民国三十五年八月二十二日离开昆明的；从北平到长沙，是在民国二十六年十一月二十六日，次年三月一日，又从长沙到了昆明。以前像澜沧江、大理府以及蒙自关一类的名辞，只是在地理课本上见过，如今是身临其境了，一切都觉得新鲜，又好似相识。

初到昆明，大家都住在拓东路后来是西南联大工学院校舍的一部分的全蜀会馆楼上，叫望苍楼罢。站在楼前，可以看见院里大树的杏花，绕到后廊，就闻到墙外野田中飘来的豆花香了，一阵阵的。如装沙丁鱼那样的在这楼上挤了五个礼拜，我搬到崇仁街四十六号北大办事处住了。这时长沙临时大学虽未取消，而这个"临时"的"大学"已经离开了"长沙"，所谓西南联合大学尚未成立，虽然西南联合大学成立时的总办公室是在这里，可是北大清华南开三校的办事处也先就都在这里了。

所谓北大办事处，是三层楼上的一间统的三开间屋子，只南北有墙，东西两面都是板门，假使门全开了，外面还有廊、栏干，就很像一个亭子了。在靠西的南北两角上，各有用木板隔成的一间小房，放下床铺以后恰还能摆一张办公桌椅和一个衣箱，我和校长蒋孟麟先生一人一间。我的那一间是在南首，靠楼梯的。后来杨今甫兄又用汽油木箱垒起来在东首靠南的角上和孟麟先生那间并排的隔了一间，我和他就经常的住在那里，像下围棋似的，每人各占一个"角"。这些汽油木箱，原来校方以每个一角钱的代价向航空委员会买来的，除公用外，就转让给同人。因之不但同人们的书箱、衣箱、柜子……果然都是它，还往往用三个箱子叠起来当作茶几，横摆着铺上一块椅垫便当沙发，在联大同人住的屋子里，几乎没有一家没有这种陈设。还可以搭出其他很大方很雅致的式样，犹如七巧板，一拼凑就凑出来一个花样。八年来这些木箱一直陪伴着我们，在离开昆明之前，我们也没有舍得离开他们。

在这里半年多，联大总办公处和三校的办事处都迁到才盛巷二号，那是一所在昆明还像样的房子，堪作办公处之用，不像崇仁街四十六号是一所铺面房，我就住在家里了。当时北大同人的宿舍在柿花巷。到后来——二十八年三月底，联大办公室和北大办事处都迁往城外以后，才盛巷二号就成了北大同人的宿舍，我于秋间迁入，一直在那里住了四年多。那所谓同人宿舍者，原则上是单身人的宿舍，在市中心区，因为地方较大，像北大校庆或者其他集会，往往在这里举行。后来北大办事处也迁来这里。自民国二十七年北九月二十八午前，日本飞机首次侵入昆明市空在西门外轰炸以后，就常来轰炸，如入无人之境似的。尤其在二十九至三十一（年）的三年间，疯狂一般的，有一个时期不但连接着每天来，且有一天来两次的。才盛巷二号曾三次被炸，但都没有命中；所以当我们将离开昆明时，还依然是北大办事处，依然有北大同人住着，经过轰炸的门窗，也依然负着创伤挺立着，院中被炸断的树木又长出了枝叶，仍然临风摇曳，仍然有八哥鸟站在枝头歌唱。

  北大同人的宿舍不只是才盛巷的一处，城内还有一处是在靛花巷。在郊外也有两处，都在北郊。一处是在龙头村，离城较远，一处是在冈（岗）头村，离城才四公里。冈（岗）头村的宿舍，是租了地自己盖的房子，租期五年，从二十九年起到三十三年。在（有）一部分同人以及有眷属的住在那里。我的家就住在那里快五年。房子在离村不远的山脚下，并不在冈（岗）头村中；全部二十间房子，只有几间瓦房，其他房子都是茅草顶的，地是泥地，墙是泥墙，两室间的泥墙都只垒到房梁为止，上面是空的。在院内一排东南向的三间茅屋中的当中的一间，就是我的家——体面点也可以说是"章寓"罢。每一间房住一家，舍间大小六口，就这样住的顶愉快顶有趣的在那里住了这么久。我们这一排三家，往往在夜间睡在床上以后，隔着墙谈天，可以谈的很久，彼此都用不着什么大声音，就都听得很清晰了。

院子中间也种菜，也栽花，还栽了好些竹，这些竹是住在那里的人有校长和我们大家，从附近一个叫虚凝庵的庙里每人一株两株的移来的。宿舍旁边，隔一条山涧，还有一个相当大的防空洞，倚山凿洞，支以木柱，可容三十余人。掘洞的时节，也几乎是大家自己动手的，在那里会捡到许多三叶虫的化石。我个人因职务关系，住在才盛巷的日子比在冈（岗）头村山上的多，在假日或周末才回山。到那一天，必买些菜蔬食物带回去；不仅是我，即在乡下的孩子们，刚过礼拜一就盼礼拜六的来临了。回到山上，不但离开了案牍，也离开了烦嚣。住在城里的朋友们，也在这些日子里下乡来，等太阳要落山了才回去，有时也有留宿在那里的，就请他们宿在也是我们大家的图书室，客室，饭厅，游艺室的一间两开间敞的草屋子里。在过年过节的日子，从城里来的朋友更多，家都在沦陷处；像我家罢，有时会有二十位左右不约而同的客人来，游山、谈天，谈我们几时可以回北平，回到北平后怎么样，期待着胜利，憧憬着马神庙北河沿一带的风物。有时彼此看了额头上的皱纹与白发而欷嘘。

民国二十七年十二月十七北大四十周年纪念，我们和我们的北大，正都蹭蹬在昆明。那天借云南大学的会泽堂开了一个纪念会，会后在邱家巷二号校长住宅聚餐。那时每个人的心上，都以为在五十周年纪念时，一定可以回到北平，在松公府或者新造的大礼堂里；就在去年也还那么想。但是——我不说了。

因北大四十周年纪念，我曾写过一篇文章，题目是《十五年前的一个故事》，现在把他抄在下面：

距今十五年前，是北大立校二十五年纪念的时候，校长是蔡孑民先生，现任北大校长蒋孟麟先生，是当时北大的总务长。这一次的纪念会，热闹透顶，也真够你瞧的，从十二月十六号起，一连三天，研究所、实验室、标本室、图书馆，全都开放了；外加各种展览。在第三院大礼堂的操场里再搭起一个能容六七千人的大席棚，每天上午在这里举行学术讲演，都是以中国或世界"二十五年来的……"作讲题，下午是游艺会，一直到中夜。每天有上千成万的人来参观，还总嫌入场券发的太少。为怕来宾到午到晚要去吃饭往返不便，校内预设有饭店，也是华洋俱备。从马神庙到北河沿，真是车如流水马如龙，好一番热闹景象也。

就在十七的晚上，北大的正生日，音乐传习所定在马神庙新收拾好的第二院大礼堂中，作第一次的公开演奏。因为音乐的演奏，在广大的场所中是不适宜的，而二院礼堂的座位至多不过能容二百数十人，所以这次演奏会所预备的入门券也只有二百多，用八开白色的重磅毛道林纸印的，上面印着演奏的节目和说明。那时北大学生的人数不到三千也有两千多，这次音乐演奏会的入门券不能遍发，就放在纪念会的办公室里，让爱好音乐的人自己去取。我呢，也拿了一张，盼到晚上七点，就奔到第二院去，真是幽静，可是进了礼堂，人已坐满，而人还不断的来，不但内无隙地，就在外面也是人声嘈杂，还站有几百人想进来。已经挤进来的大半没有持券，有券的却挤不进来。眼见的快到八点钟了,坐在演奏台下面听众当中的北大校长蔡先生知道这个情形了,走到演奏台上,面向着听众,似乎有些怒容,继而霭然的说:"这次音乐传习所第一次公开演奏,在广大的场所中因为收不住音,仿佛是不甚相宜,所以定在这个礼堂中演奏,不能普遍的发给入门券,是因为会场小的缘故。仿佛像现在里面拥挤外面嘈杂的情形,这回的演奏将因这种情形而不能成功。我们这里是北京大学的礼堂,不是沙场,我劝没有入门券而进会场的人要一律退出,出去告知外面没有持券的也一律退去,让有券的可以进来。爱好音乐的诸位,如果愿意听,我将请音乐传习所的诸同人再为诸位演奏一次,不但一次,以后也仿佛可以常常的演奏。现在就请你们没有持入门券而进来的人都出去,并且照我的话去告知没有券而也想进来的人。"蔡先生说完这话之后站在台上,只听见台下一阵鼓掌声,有一百多位没有持券的人都站起来,依着次序陆续的出去,大家静悄悄的。蔡先生还站在台上,含着微笑点首。我座位的周围是空虚而且寂静,眼看没有券的人一个个的退去,有券的一个个的进来,第二院中还是那么静穆和严肃,音乐演奏会还是按时开幕。我鼻子一酸,含在眼眶里的眼泪要跟着蔡先生的微笑一齐出来,我不知道巍然在我前面的是高山呢还是大海!……

三十七年十二月十二日、北平。

《国立北京大学五十周年纪念一览》,一九四八年北京大学出版部印行

// 昆明点滴

凤　子

（一）

立在一个冷落地街口，不经意地从一个山头望过去，同样地是一片天蓝，几朵停云，如叠棉，如织锦，是一件精致的经过人工般的艺术品，如同在温习记忆中的一幅水彩画，这不就是昆明么。

可是，昆明却在云天的那一面，我已飞来到万重关山之外了。

第二次重游，增加了我许多忆念，深深在西山海子边流连了两昼夜以外。日子都在忙乱中送掉，然而这一次重游昆明，使我多懂得了一点事，多认识了一些人，也增长了一点点见闻。

昆明变了，变的更稳静，像一个成熟了的大姑娘，不苟言笑地做她分内的事,新的马路开开了,新的建筑物排列着,电影院前经常悬着客满的牌子,咖啡室里酝酿着一片烟雾,淹没了青年人的笑语。

黑云遮过了半个天,也许就有一阵暴雨,而太阳却偷偷地从云缝里露出来半个笑脸,街上来往的人,永远挂着一把晴雨两用的伞,从容地走着。昆明的雨季是平静的,安闲的。

骡马铃声划过街心,这是古城的唯一的一点点缀。

(二)

从水路走高峣村上西山,帆船摇上滇池,穿过大观楼,湖水和海水一样的绿,湖中心的风吹起点点白浪,船在摇曳,人便像飘到了海里。沿滇池有六个县份,一个船户靠走这几个县份便可以吃着一生,并且传之子孙后代。我常常在这些青衣红裤赤脚拖瓣的船娘们的身上寄托过一些不经的幻想,从幻想中描画过一些传奇式的人物和故事,然而也就像湖面上飘浮着的一根水草,不知什么时候便被一只飞来憩足的鸟噙去了。水草生不了根,幻想也就同山头的白云似的,来去无踪迹。

高峣村可以吃鲜美的鱼,村里有许多新式建筑的别墅,在一家别墅里,我认识那别墅的主人M公,有五十上下的年纪,而头却都苍白了,那身段,面型,给我第一个印象就好像是在那儿见过似的。M公目光闪烁,谈吐极有风趣。他懂得很多东西,音乐,图画,戏剧,文学,他都能发表一点意见,或是下一个断语,固然断语都是很固执的。在专业上有过很高的成就的人,大概对于一切事态的看法都很认真,成见很深,尤其是有了一点年岁,心情有时就像个孩子,是稚气的可爱的了。

他能唱歌,也可以哼点京戏,曾有一次在他邀请的票友集会里,我听过他唱了段滇戏。滇戏韵味近似秦腔,他唱来使人听的很入神。话剧看得不多,看过曹禺的《雷雨》,认为太技巧了。

有许多次他同我谈起组织职业剧团的问题,他希望我约点朋友往滇西走走,滇西边民生活和土司组织都是可以入戏的。其实作为搜集材料,和观察民风,我们从事于戏剧工作的人,要走的地方还很多。固然M公也和一般人一样,对于乡土的感情亲切些。

对抗战他很乐观,他确实是一个经世之才,有见识,有魄力,云南全省经济之稳定,得M公之力最多。

一天我在相簿里翻到中国的友人秋田雨雀的一张相,我才恍然悟到M公就和这位为正义奔走从事于戏剧工作的日本友人面貌很近似。

(三)

古城的西北角,经受了许多次轰炸,这也许是有两所大学在那儿的关系吧?颠簸不平的石板路,颓败倾圮的黄泥砌的屋宇,茶馆,米粉店,进出往来的,都是些挟着一些书稿的教授和学生们。因为这一带地方相当热闹。从西北门走上城郊的大道,五里十里,或二十里,错错落落的村庄,是两所大学的教授们家眷的寄居处。例假和寒暑天,学校图书馆里的一点藏书也分别被挟在教授们的腋下带到各村庄里来;伴着太太和孩子们过着鸡鸣而起日没而息的农村生活,安静,幽闲,山水明月尽情享受,世事各烟云,俨然若隐士。有时候,茶店里遇着三五位友人,从隔日报纸上的新闻谈起,便不禁争论到苏德战争的前途。

一天,在北城角一家某教授亲自经营的小饭馆里,我正翻着菜牌想点一道可口菜,突然邻座传来一个熟悉的声音,我不自觉地回过头去,正看到 L 教授笑微微的,现显出红色的脸,嘴边里还在继续着话:

"德国必胜论,妙文,妙文;×× 小姐,你读过 H 先生这篇文章么?"

我怔住了,没有想到 L 教授是向我说话,便不假思索的答道:"对不起,我没有读过。"

"你一定要读一读,妙极了。"

"是吗?可惜对于这个问题,我没有兴趣。"我从 H 先生半仰着的后脑袋,看到手上的菜牌子便点了一个炒鸡杂。

在昆明,经常有一两个期刊出版,一是《战国策》,一是最近二月才筹备并已出刊了一期的《当代评论》。前者主持人是 L 教授,H 先生也就是该刊的执笔者。报纸方面,《中央日报》有一角副刊,然终以商业第一的关系,如遇广告挤,副刊的位置随时可以取而代之的。因之像《战国策》一类的刊物应该是当地青年们仅有的读物了。

（四）

昆明有的是引人入胜的自然山水，令人流连；如果有心情，有时间，昆明周围的名胜，是可以逗留一个时候的。这一次，我仅住了短短两个月，为了忙着排一个戏，此外的日子就为了"走"而奔跑了。终于我走了，带着一个歉心，我抱歉没有做到我的诺言，到 S 和他的夫人的乡下去住几天。他们为我预备了最好的水果，和鲜味的鱼，尤其是 S 夫妇那点真诚而可贵的友情。在任何一次见到我，S 总是批评地责难我！

"你该静一静心，即便是为了工作吧，你也该想一想，整天在台上，在人前，跳来跳去，生命就如此跳完了。等到一切都成过去，你会感到空虚和寂寞的。"

最初，我茫然不知所措，我以为：

"你看我是一个没有造诣可望的人么，在舞台……"

"不。我以为戏剧和一切艺术的生命一样，应该在跳在台上以外留一点更有生命的东西下来……"

徒然，我聪明地理会了他的意思。我不愿辩白什么，我说："等到最寂寞的一天到来，那寂寞应说是我的享受。"

"你爱寂寞？" S 终于隐藏不了他对我的讽笑。

我同情他。一个将近中年的人，写下了几十本书，这点心血也哺养过一个时代的青年,他当然会养成功一种自信,相信自己对于世态的一般观察和论断。有什么比留下千万言的书册更有生命和价值呢!

  我终于悄然地飞去了。然而在心里我抹不去对昆明的一份忆念。虽然我的走是那样不易而且痛苦,无论是责难我的,或是猜忌我的,我都原谅他们,感激他们,并且我从心底怀念着,这种静寂安闲的生活,当敌人垂涎于边境的时候,还能够持续多久,伟大的作品只要经历过多少危难才能产生,我咀嚼着 S 的话,希望在眼前一闪,我突然看到 S 公一对烁烁有光的眼睛,那眼睛告诉我昆明会在危难中更加成长起来,我不禁为留在昆明的友人祝福。

  选自《笔谈》一九四一年第二期、《新工人月刊》一九四一年第一卷第六期,及凤子著《鹦鹉之恋》,文化生活出版社一九四七年版

昆明印象

陈 达

民国二十七年二月十五日抵昆明,甫下车,熊迪之兄约余等往云南大学暂住,并为雇人力车,自车站至东陆大学(现称云南大学),每辆二元五角(国币二角五分)。客厅变作临时寝室,七人同房,即马约翰、孙晓梦、张豫生、施嘉炀、饶树人、王化成及余。恢复学生生活,用木板垫床,磁盆洗脸。房中虽有电灯,光小于大号洋烛,夜间离灯一丈即不能阅读新闻纸,且三日中必有一日是电灯出毛病的。余等俱在大学厨房包饭,每人每月九元,菜的量与质约等于长沙十二元的饭食。最好的东调米每石八元五角,重一百二十斤,猪肉每斤二角五分,牛羊肉价减半,鸡蛋每元可买九十个,豆芽每斤五分,苦菜白菜等价相若,每餐有苦菜汤。如一碗喝完,可再添一碗,每餐可添数次。余笑曰:"苦菜是昆明文化的一部。"苦菜在外省称芥菜,味稍苦,长茎大叶,因昆明气候温和,一年中除夏日外，多可吃苦菜，霜降后味甘。每棵大者约五斤。我们住了一月，未曾吃鱼，友人戏谓曰："此地鱼价必较贵。"邻桌有云大庶务员某君闻此语，第二日余等即吃鱼，问其价与猪肉仿佛。本地人不喜吃鱼，其主因在不会烹调，并非因鱼价高贵。

校役一人，侍候熊校长（住在我们楼上）及余等七人。此役即是我的昆明话教师。最先惹起注意的是下列两句："你家姓那一样？""是了吗？"

昆明人有晚起的普遍习惯。正义路上每晨到十一时，有许多店门只开一扇，内有人洗脸刷牙。有一日我到昆华图书馆阅览室，时已十一时半，阅书者连余仅三人。

某晚约九时，余经过云南大学会泽院，闻地下室有人吸水烟，入内，遇见工人十余，有卧者，有坐者，轮流吸鸦片烟。余问曰："鸦片烟能提精神么？"有人答曰："先生，要不得。我们越吸越瘦了呢！"鸦片烟影响吸者的健康，此人亦能领会。

我们静待学校开学，整日无事，在昆明及邻近乘闲游览名胜。昆明圆通公园石壁有诗云：铁壁蜷然拥组宫，曲阑回殓穿玲珑，何年脱下苍龙骨？至今鳞甲生秋风。隆庆壬申李元阳题，意义深沉，但末句平仄似不符。圆通公园内"衲霞屏"三字，沈阳范承勋题于螺峰之壁，时康熙己巳年。

昆明有许多公共建筑，显明的受我国他处的影响。衙门、孔庙、祠堂、佛殿等是。私人住宅亦有三合房四合房和北平相似的式样；但木工、瓦工、绘画师及一切的手艺人，技术甚粗。并且所用的原料，如木石砖瓦，亦较逊于外省同样的建筑。

选自《浪迹十年》，陈达著，商务印书馆一九四六年十月版

// 从凄凉环境中以求知识

联合社

战事终止后,内迁各大学已纷纷筹备复校,重归八年前旧址,一部分且已迁归原地。此文化古国,不幸横遭战争摧残,但青年之求知精神,虽饥寒交迫,仍维系不堕。

联合组织

昆明西南联合大学,系联合北京清华南开三大学而成,校务由三校校长协商管理。北大校长为前任驻美大使胡适,胡氏现在伦敦,明年三月可望归国。南开创办人兼校长张伯苓,现在重庆,任参政员。清华校长梅贻琦,则出身美国胡寒斯特理工专科学校。

长途跋涉

此三大学,系于二十六年仲夏内移,成千学生循广州口天之公路僻径,步行而南,随身仅携若干课本而已。是年十月初,其第一批于步行二千余里后,抵达长沙,即在该地设立临时学校。三阅月,日军进犯,又得续迁,于是复长途跋涉,向昆明进发。另有大批教授学生,则绕道越南而去。二十七年八月,终于在昆明高原上开班上课,不复惧日军侵袭矣。

校舍简陋

联大校舍之简陋,笔难罄述,即至今日,亦仍室徒四壁,地尽泥土。学生不顾种种困难,在如是凄凉环境中以求知识,可谓空前未有之事。但校中仍维持极高水准。来学者,悉为佳子弟。

将归旧址

联大各校,拟于明春或仲夏时节,分别各归原处。清华在战时为日军占据,作伤兵疗养院。北大被敌伪劫去,改称北京大学。此两校屋宇,大致未有损伤。然天津南开校舍,则已完全被敌机炸毁。目前各校所最感困难者,为重新购置战时所损失之仪器设备以及图书课本。中央政府将以贷款或贻赠,予以协助。

选自《申报》一九四五年十二月五日

// 漫谈北大清华西南联大的学生生活
祝 枝

抗日战争爆发后,北大、清华、南开在昆明,联合组成西南联大,三校同学同住在风雨飘摇的茅房中,同吃着挟硬带壳的平价米,同受着物价高涨的压榨。于是在互相溶化,互相学习的情况下,养成了新的"联大校风"。

联大复员后,后分为三校,将联大的校风带到三校去,除了清华因考试多,学生忙一些,北大散漫一些以外,在学生生活作风上和思想上,你是发现不出有什么差别的。

在一年来的学生运动中,北大和清华更表现了他们的团结,就像人的两支腿,缺一就不能走一样。

下面我要谈谈学生生活。

物质生活上,从抗战开始到现在,由于蒋区通货恶性膨胀,整个社会经济基础濒于崩溃,人民生活,艰苦不堪,学生生活,当然不能例外。在昆明时,同学在外兼差的风气极盛,因为有些同学家在日本占领区，经济来源断绝，被迫廉价出卖自己的劳力和光阴，当时昆明各机关学习都有联大同学任职，甚至放午炮（正午时报告时间）的都是联大同学。有的同学连放午炮的位置都找不着，就不得不忍痛出卖自己心爱的衣服书籍以度日。

生活的艰苦，不只限于同学，教授也是一样，清华校长梅贻琦的太太为人当家庭教师，教授太太摆地摊卖衣物书籍，更是常见。闻一多教授主要的改靠刻印章来维持一家生活。

到北平以后，住的地方虽比昆明好，吃的却比昆明更坏，大多数膳团吃窝窝头（北平最贫苦人民的饭食）。去年五月，同学们连窝窝头的标准，都不能维持了，于是爆发了"反饥饿，反内战"的运动。

不过一般说来，北大和清华或比北平其他大学的伙食情况好一点，因为公费生约占十分之七、八，而其他私立大学如燕京、辅仁、朝阳、中国等没有公费的设置，除交膳费外还得交学费，今春燕大学费每学期已高达五百万蒋币，许多同学即因此辍学。燕大就有女同学到医院出卖血液（输血）以交纳膳费。

关于同学的政治活动，则可说是国内时局的寒暑表——感应性最强。

皖南事变到一九四四年（五四）以前的这段政治逆流，是同学们精神上最苦闷的时期。很多进步的同学被迫离开学校，"国民党""三青团"的特务势力抬头。时事座谈会，诗朗会，壁报等进步活动几乎完全停止。同学之间，像隔了一座山似的，互相猜疑，不通往来。有些同学便以看柏拉图的《理想国》和一些乌托邦的社会主义的书籍求解脱。有的则看电影，泡茶馆和玩桥牌，游山玩水等来消遣课余光阴。

一九四四年（五四）以后，直到现在，是联大北大清华的"春天"。

现实情势和历史经验告诉我们，民主自由不能赖统治者的赐予，只有靠我们自己和广大人民的斗争，才能取得。于是我们以积极的斗争代替了消极的退让。

最先我们用了有力武器——壁报，展开宣传攻势，一方面提高进步同学，争取落后同学；一方面打击敌人，压倒邪风。联大壁报最多时，达到二三十个，校门旁边，像英国海德公园的舆论墙一样，满墙红红绿绿。整天挤满了看的人，读者当然不限于联大同学，有些是来观察学生"舆论"的新闻记者，有些是来探听"消息"的国特份子。

"诗歌朗诵会""文艺晚会""时事讨论会""教授演讲""营火会""音乐晚会""读书会"……都活动起来了。要是你的课程不忙，每天晚上都可以有参加一个会的机会。

同学们最忙的时候，还是在每次在学生运动爆发的期间"一二·一"运动时，参加工作的同学达到一千人以上。有周密的组织和分工，单以宣传组织来说，就有"街头演讲组""演剧组""歌咏组""印刷组""编辑组"等部门。教室便成了办公室，工作最忙的时候，电灯通宵不灭，同学们一点也不因疲乏而松懈。

在娱乐方面，除自己举办的各种游戏会、旅行团、体育会以外，有时也去看电影、话剧。不过看电影时，我们多是坐最前面，看话剧时，则坐最后面，因为我们钱少，买不起较好的座位；有些同学就连买这座位的票钱，都是卖衣服、书籍来的。在精神食粮（书籍）方面，同学们并不满足于教室的知识，大家都受着一般"正统学者"所谓的"邪书"，图书馆中的《新华日报》、《文汇报》、《文萃》、《群众》等总是被大家争着看。

以上所写的，是指一般同学而说，至于特务学生的生活活动，因为他们有特殊任务，又可领津贴，当然与我们大不相同。

另外还有一些同学，对国家和自己前途，都感到"没有出路"，彷徨颓丧，整天坐在教室中"悲观"！

但这些"特务学生""颓废派"，毕竟占少数。

以上写的，比较偏重于联大，这是因为现在北大清华同学的生活活动，实际上与联大时代，无论在方式上与内容上，都没有多大差别。可以说是"联大生活"的发展。

选自《群众日报·增刊⑤》一九四八年七月十一日

新文学在大学里
——《大一国文习作参考文选》序

杨振声

我们选这本小书是为了以下三种目的：

一、自部定大学一年级国文读本颁布后，我们放弃了我们以前选有部分语体文的大一课本，遵用部定课本。部定课本中所选择的文章，无疑地都有学术的或文艺的甚高价值。教得了，可使学生瞻仰吾国旧日的学术风光与欣赏旧日文艺的古雅；但不能很适合地帮助学生习作。因为在今日要作那样古雅的文章，得读过许多线装书作基础，再加上数十年含英咀华的修养与简练揣摩的工夫。而我们大一学生包括文理法工及师范各学院的青年，他们将从事于各种学术与技能以报效国家，从文学、科学、工业各方面努力来创造我们将来的新中国，若殚精竭力于学习古文，干脆说：他们不能。

二、我们认为每一个国民,尤其是大学生,必须能用本国文字恰当的表现他的思想与情感,这是每一个国民的义务,也是每一个国民的义务,也是每一国民的权利。反过来说,若是一个大学毕业生还不能把自己的思想与情感恰切的表现于文字,那是对于他自身的侮辱,也是对于国家的不敬。大一国文的目的,不应单是帮助学生读古书,更重要的是养成他们中每一个人都有善用文字的能力。那么大学里一年的国文训练——别忘了他们还有社会科学自然科学及种种一年级必修的基础课程——能不能使他们用古文表现他们的意思?即使能,又是不是表现的能像他们所想说的那样精确与恰当,再干脆说:他们不能。

我们已经进入了一个新时代,在这个时代里人类一种重要的收获就是对于思想与语言绝对的忠实。也就是我们知道我们的所不知与所不能,而把所知所能的那一点,只恰如所知所能的表现出来,这便是近代科学与文学的态度。我们不可强学生以不知为知的态度去接受古文,更不可强学生以不能为能的态度去使用古文。然则唯一可用的工具是使学生以确切的语言接受知识,更以确切的语言表现出来。这个工具是我们今日直接所用的语言而不是间接的古人所用的语言。今人而用古人的语言,至少在识字后还须十年以上的翻译训练。若把我们自己的语言直接写成文字,大学一年间的习作,训练得当的话,多少可以使学生确切的表现自己的思想与情感。确切,不就是科学文字的标准与美的文学的基础吗?

三、近代的文明国家,没有不是语文一致的。以精致的语言洗炼成文学的修辞，又以文学的修辞培养成语言的优美。文字的生长本为记载语言。由于记载时的从容修饰，文字又帮助了语言的发展。但修饰过度，离本愈远，遂成为语文的分裂。分裂久了，离语言太远的文字就僵化为古文。只有语言是活的，因为它生长；也只有记载活语言的文字才是活的，因为它与语言共同生长。

欧洲的近世文明，谁都承认是起源于文艺复兴。而文艺复兴的基本精神是敢于承认现代，敢于承认自己的思想与情感，敢于以现代的语言表示现代人的思想与情感。其实这也就是希腊精神，也就是吾国周秦诸子的精神。有了这种精神才有现在，才能充实现在而创造将来。在文学上，楚辞、唐诗、五代词、元曲、明清小说，也都是由于这种精神所创造；西洋近代文学，更是最明显的例。让我们继承古人的精神，不要抄袭古人的陈言；让我们放开眼光到世界文学的场面，以现代人的资格，用现代人的语言写现代人的生活，在世界文学同共的立场上创造现代的文明。

为了以上三种目的，我们选下这本参考小书。内容虽不完备——凡长篇及本校同人作品皆经割爱——却都是能忠实于自己的思想与情感的作品；从这些作品发展开来，便是修辞立诚的门径，便是创造中国文学的新途，也便是中国文学走上世界文学的大路。

选自《国文月刊》一九四四年十一月第二八、二九、三〇期合刊

// 抗战期间昆明西南联大附中的国文教学

刘泮溪

"西南联合大学师范学院附属中学",简称"联大附中"。抗战期间,它在昆明这一个角落的中学当中,数一数二的,但人们对它有褒有贬,它的功过,社会自有定评。现在只把关于国文教学的情形写出,以供关心这个问题的人士参考。

联大附中的国文教学,可分三部分来说。

(一)教学计划

联大附中系实行六年一贯制,每班约三十至四十人,初中一、二年级,每周国文六堂,其余各级,每周五堂。国文教师每人教不同年级的两班,最初的几年,教师于每学年开始时,须拟详细的教学计划,交教务课存案,后来便废止了。另外值得注意的一点,便是国文科主任之设。这一种职务,系聘请大学部对中学国文教学有经验者担任,科主任在每学期开始,须召开科务会议,校当局、教务主任及全体国文教师均列席,研讨本学期教学计划,所研讨者不外"教学实施"及"成绩考查"等项,教师可按此计划灵活运用各展所可长。一到学期末尾,复召开科务会议一次,对本学期工作加以检讨,做一番回顾与前瞻的工夫,力求理论与实践之一致。

(二)教学实施

1. 教材

(P)本课——初中采用夏丏尊编开明出版之初中国文教本,高中用傅东华编商务出版之复兴高中国文,前者文言语体兼而有之,后者纯系文言。前者每学期约授二十课左右,后者约授十五课左右。

(D)补充教材——因书店无理想之教科书,而自行编印讲义,在学校与学生同感战时经济困难之情形下,又不允许。后经科务会议决定:每学期补充"政论"教材数篇,内容如《大公报》社评之类。此外,教师可自由斟酌学生年级与程度,补充语体或文言教材若干篇。

2. 写作

每学期作文约十次左右,每次作文时间为二堂,以在堂上缴卷为原则,题目由教师拟定,有时也叫学生各自拟题,或使学生写自己印象最深刻的东西,由教师给他加上题目。

3. 课外阅读

联大附中的图书馆可怜到极点，可是学生除了背英文单字演数学习题之外还希望吸收一点滋润心灵的精神食粮，如报章、杂志、故事、小说之类，于是有的班上便成立班图书室，书刊由学生自动捐借，颇有可观。后复由学生自治会发起全校师生捐书运动，竟使图书馆里洋洋大观了。

（三）成绩考试

1. 随班试验——每一课讲授完毕，可斟酌情形临时试验十分钟至十五分钟，背书、默写、解释字句、改错等等，均在试验之列，文言多背诵诗词，语体中可作模范的，也要使初中学生念到烂熟的程度。

2. 月考与期考——月考每月举行一次，有时三个月举行两次，期考于学期末举行，试题范围除在堂上讲授者外，也可试其课外阅读成绩如何。

3. 作文比赛——每学期举行一次，高初中各为一组，各班均须参加，由科主任命题，高中组重论说文字，初中组重叙述描写文字。

4. 壁报比赛——作文比赛是个人写作的竞赛，壁报比赛则为集体创作的竞赛，亦分高初中两组，重编排、内容等项。

5. 讲演比赛——仍分高初中两组，重思想、内容、态度、声调等项，目的在作普遍的表情达意，"我手写我口"之基本训练工夫，但去目标太远。

以下说一说个人的经验及感想：

胡适之先生十月十三日在北平中等学校及文化界欢迎会上说：

"我总觉得这几年的教育太趋向整齐一致，缺乏新的试验，以达到新途径的精神。我认为中学的课程太繁重，太注重书本，太注重灌输和按部就班。并强调称：中学教育应该采前进教授法应用活的语言、活的文字，来表情达意，应用全副力量转换国文目标，大中学应打倒一种守旧分子。"

把这段话拿来批评联大附中也不算过分的。记得当时曾在课堂上对学生说过："我认为现在的中学教育有三种方式：一为'引飞式'，我们看小鸟引飞时，老鸟只是尽诱导鼓励的作用，并飞拖着小鸟的翅膀飞来飞去。二为'填鸭式'，就是急于要使鸭肥起来，硬把食粮填得它那肚皮鼓鼓的，不管它真正消化了没有。三为'牵鼻式'，像奴隶总管对待奴隶似的，硬牵着他们的鼻子走，不管他们乐意不乐意。你们认为那一种最好？"他们都异口同声地说："第一种，顶好！"但是那批可怜的孩子却沉醉在第二种的学习生活中，数学英文画地图以及种种考试逼得他们把应该学习国文的时间走了私，把青年心灵那种油然自发的生机摧残了。这样慢慢使他们养成了看轻国文的心理，只要弄到及格，也就算了。他们根本享受不到欣赏、共鸣的愉悦，自我表现的欢喜，自然也有少数的几个，特别在文学的阅读和创作上加工夫，可是他们在其他的功课方面，一到考试的时候,就难免要"抓瞎"了。

联大附中号称是联大教职员子弟学校,其中当然有不少优秀分子,而教师又大半是联大毕业的。不知什么缘故,联大附中的师生之间,情感非常淡薄,所谓"尊师重道",根本谈不到,街上碰见几同路人,有的学生竟说:"某某是我的老师吗?我们爸爸还是他们的老师呢!"学校虽实行导师制,但在这方面也不觉哑然失笑。这固然由于战时大后方的虚荣、肤浅、奢靡、市侩的风气使然,但学校也应该尽其在我。我觉得生活的困窘,教课阅卷的烦忙,再加佣工式的聘任制度使教师时刻担心着"饭碗乒乓作声",因此弄得很少有人把教学当成事业去做,结果混饭了事。导师与教师本应以身作则,为学生求学做人之表率,你想在这种情形下,学生眼里的老师,应是何等人物?尤其是教国文的,在课堂上讲的是"富贵不能淫,贫贱不能移,威武不能屈","我们要在中国的废墟上培植出绚烂的花果",那一套,可是看一看现实呢,马上给你浇一头冷水。把自己都不相信的教别人去做,也就难怪人家不肯"尊师重道"了。

不过,我并没有因此而灰心,国文教学毕竟是一种生活的艺术,其中自有一番乐趣。愿将三十四年四月十五日的一篇日记,题为《献给播种者》,刊登出来,与读者共勉。

布谷叫了!它的声音流播在山野间,人们经它这一呼唤,立刻从蛰眠的状态中苏醒过来,抬起头望一望天,呀!播种的季节到了。

丰腴的心田那能瞪着眼让它荒芜，我们有的是耕种的经验，趁风和日丽的时光，赶快松土呀，播种呀。在青年男女的心里播下爱的种子，恨的种子，新知识的种子，新文化的种子，新人生观的种子，新世界观的种子。让旧时代的枯根烂草，都化做新垦地的肥料。

谁说生活是苦的？我们的祖先不也曾用血汗浸润过土地吗？他曾两手捧着辛勤的收获献给地主吗？我们的血里原来就蕴蓄着祖代贫困的血啊。

朋友！只要三寸铁舌，还没生锈，就尽可能地一试锋芒吧。"种子繁殖种子"，是我们至高无上的报酬。

看哪！一批批新的同志果真肩着新式的工具，向培育新人的园地走拢来了，"立正！""少息！"现在开始检讨自己了。

一块石头扔在水池里，"砰"地一声之后，水面起了一圈一圈的涟漪，不久这一切迹象就消失了，但是我们的一句话，决不能让它像这样的一块石头，使课室哄然一笑就算了。真应该像一粒种子，播在捏一把出油的土壤里。选种自然是要选那肥美的，霉烂的固然不要，只有形式，而无内容的种子，也要把它淘汰。至于土壤的性质，也非辨认不可，无论多好的种子，播在石板上能生芽吗？

一切准备停当，工作开始啦。这时在你面前的，是一个个"活泼的好奇的心灵，在眼睛里微笑，在嘴唇上也微笑，到处找知识，为了快乐"，时常用他自己的表情明白清楚又强烈地表达了他的思想。在这里，你便会感到工作的神圣，所以，你必须像一个富有经验的老农似的，播得慢，播得深，把你那用思想和热情炙透了的语言，播在一颗颗赤心的深处，于是赢得几处凝神的领悟，或是几丝会心的微笑已够心满意足。假若由于你的一言片语，在谁的人生途程上发生了特异的作用，那更要喜出望外了。

力量是没有白费的，种子一播下去，得到充足的水分和阳光，就会插根发芽。满园的嫩芽你都用心血灌注着，你当然乐意看到它们开花结果，尤其是里面特别繁荣的几颗，更夺去了你晨昏间的宁静。你的灵魂的根须既然伸向一片纯真洁美的心田，它的发荣滋长自然给你带来快乐与安慰，而它的逃避堕落与怯懦，也难免给你带来失望与不快，这时你灰心吗？不！因为我们所处的时代正是过渡的时代，是一个新旧势力搏斗的时代，死的要拖住活的，因此一些脆弱的灵魂就在狂风暴雨之下摧折了，可是我们坚信在中国的废墟上会开出自由的花朵，会开出幸福快乐的花朵，而在我们培育新人的园地里也一定会有丰富的收成。

祖国的山河是美丽的，土地是辽阔的，只要一个小角落，就能使你工作一生，享受一生。人为什么不追求事业之乐，享受一些永恒的东西，偏把宝贵的生命力倾注在朝露的光彩上呢？

三十五年十月，青岛。

选自《教育短波》一九四六年复刊后第一卷第一期

// 西南联大的法律研究所

赵凤喈

抗战以前,教育部提倡学术研究,并予大学毕业生以高深造诣之机会,曾就各大学中之设备完整及师资优越者,分别允其设立某科研究所。抗战以后,学校随政府各机关历次迁徙,典籍散佚,人才亦不易集中,弦诵之声,若绝若续者,不知凡几。在此艰苦困难期中,教部仍本既定国策,努力迈进,而从事教育人员,亦明"匹夫有责"之义,自强不息,共赴国难,期奠民族复兴之基。于是倾于萎枯之教育界,又复欣欣向荣,诚属国家民族之幸事。国立西南联合大学在此情形之下,于去年暑假期内,奉部令在文理两学院筹设研究所八门。于今年暑假又筹设法工两学院研究所六门。而法律研究所即其中之一,本所成立未久,导师虽有燕树棠、罗文幹诸先生,而学生只有一人。经费有限(每年二千元),设备亦简陋。谨将所拟定之研究科目揭列于后:

以往国内人士研究科学无论为自然科学或社会科学，每以西方学术为主旨，其始即有所偏，其弊自亦显著。近年国内学术界有鉴于此，颇倾向于固有文化之探讨。本所亦本此旨，特设"中国法律思想""中国法制史"与"司法调查"三科为研究之范围。现就设立此三科之用意及其重要性，分别予以说明。

（一）关于中国法律思想问题，不仅为研究法律者所应探讨，即于检讨中国固有文化者亦不可忽略，因中国法律之形成，大部分根据儒家之思想，或理论而来。如以往法律例中列"不孝"于"十恶"，于"亲""故"有犯，则另行议处。妇人有"七出之条"皆其显例，而申、韩法家等思想，在中国以往法制上反影响不大。所以我们研究中国法律思想，一面因要探知中国法家之思想，同时亦不可忽略儒家对于法律之观念。甚至佛道二家思想，亦有注意之必要。我们要发扬中国法系，而光大之，使其在将来世界上占有一地位甚或一优越地位，应先探明而确定我们的法律思想。思想明确，制度乃有灵魂，有生机，庶可滋长而繁荣。上面已说过，中国法律大半由儒家思想而形成，与法家思想常立于反对或矛盾的地位。我们欲树立中国法系，又要迎合世界思潮，则我们将来所需要之法律思想，究应崇一派之说，抑兼采各家之说，而糅合之？此乃重大而待决之问题，然非法家独立所能胜任，有赖于提倡固有文化者之共同努力。

（二）法制史的研究，在各国多重视之，尤以不成文法国家为甚。如研究英美法者,未读过其以往之法制史,则无由明了其现行法之精神安在。大陆法承袭罗马之系统,故大陆诸国法学院,均列罗马法为必修科。我国现行法大半采仿大陆法,无可讳言。然国内学者多病其与中国社会情况,不相适合。如果我们要立一法或修改一法,以期适合吾人之社会,则个人认为目前有二种工作,应该努力去做。其一为现社会法律习惯的调查;其二为以往法制史的研究。关于第一种工作,笔者到云南以后曾在一两处着手做过并将调查结果发表于《今日评论》第二卷第十三期,及四卷第十一期。只因此项工作,需要多数人,散在各区域分别进行。既需要相当之经费,又需要相当之专门人才,在抗战期中,进行不易。关于法制史的研究,有志之士,若备有相当的典籍,就可以着手。且此项工作,在中国与日本学者均发表过可注视之著作,如程树德先生之《九朝律考》与日本仁井田陞之《唐律拾遗》允称杰作。不过以往学者,多就横的方面作断代之研究,我们希望以后学者选一专题作一纵的研究(自上古迄至近代),阐明其数千年变迁之迹,可使今后立法者知所因革。

(三)司法调查在民国十三四年时,因中国在华府会议曾要求列强撤销在华领事裁判权,遂派代表来华组织一司法调查委员会,调查中国之现行法律、法院状况及司法人才,以作撤销领判权之准备,并有报告书发表。我们现时拟作之司法调查,第一要知道现法律在边远省份适用之状况,及诉讼案件进行迟缓之程度与其原因(关于此点笔者有《大理司法状况》一文在《今日评论》四卷三期发表），借此可明了法律上之弊端何在，社会之病根何在，以作将来革改之准备。其次则注重民刑案件之种类与原因（关于此各法院似有统计可查，但未尽可靠），可以供社会学家研究之参考。至在高法院案卷中，亦可得着该区域之特殊法律习惯，亦为调查目的之一。现本所有一个研究生，正从事予（于）此项工作，俟得有结果，再公诸于世。

选自《高等教育季刊》一九四一年三月一日创刊号

// 南开卅周年纪念会参观归来

《益世周报》记者

十月十七日是南开学校成立三十四周年纪念的日子,在昆明的同学有三百余人,这一日假云瑞初级中学的礼堂举行庆祝盛会。

我们以为一个集团的生命和一个人的生命,没有偌大分别,必须经过由少而壮,由壮而老,由老而衰的阶段。

许多研究生理的人们,好像有一个结论,他说把中国人的寿命平均起来,最多不到三十岁。我们想古来有经验的人都常说"三十而立"这句话,他没有什么不是,那末"短命鬼"占绝大多数的社会里,谈起事业可就困难,因为任何一桩事业的成功都要具备两个基本的因素,一个时间,一个真实。

南开学校居然有了三十四年,越过而立的一般夭折的年代,他最低限度可以使人知道他的内身,必具一种特质,由此特质的滋长与发展,始历尽风露雨雪的磨折,成为参天的乔木。我们焉能得到这种机会而有不一顾的道理。

当着我们到云中的礼堂,大致正是六点半钟,来宾及联大的同学已经把那座旧式宝殿挤得水泄不通,"人气"确实是相当的浓厚。我们幸未跷脚伸胫瞪目而观,就不能不归功于招待员的招待周到。

我们坐在台前的一角,向台上看,"万寿无疆"四个方块金字贴在幔幕上,被汽灯返照起来,光辉夺目。空中悬挂交错着的有色纸条,因风吹摆,更象征参观者的心弦在那里颤动做着共鸣而不已。

时候不大,后来的更加增多,我们坐的位子越来越紧,发现有被侵夺的情形,真是岌岌可危。此时我们的四面八方传来的消息,是小儿的啼哭声,喜皮笑脸的嘲谑声,上气不接下气的痰喘声,久别乍逢寒暄未已的欢呼声,以及来来往往穿梭似的"劳驾,借光"声……织成一片,嘈杂而无韵调的交响曲。

七点钟,一声银笛,开会了,主席是一位相当健康的女同学,报告筹备的经过以及今后如何贯彻读书不忘救国的意旨,言辞流利,态度庄重,却不愧是一个作报告的适当人选。

继续致辞的是该校杨石先先生,叙述学校创办以来的历史。使我们更进一步的知道该校的前身,由严氏私塾脱胎而来,那时正是光绪二十六年,又四年,学校的雏形才成立,自兹以后,经张伯苓先生的惨淡经营,数十年如一日,学生由数名而数十而数百而数千。现在张伯苓先生的桃李满天下了。张伯苓先生的南开，内部向包六个单位，即南开大学、南开男中、南开女中、南开小学、南开经济研究所、南开化工研究院。成绩不用说谁都是知道。

张伯苓先生不但是一位教育理想的实行家，并且对于国是关怀尤切，在北伐成功以后，倭寇图谋我东北四省不遗余力，国人多不置意，唯有张伯苓先生首先发起东北调查团，研究真象，作具体的抵制，倭寇嫉忌是不用说，而津埠炮火一响，南开三十余年以来的菁华，化为灰烬，种因由来已久，岂是偶然。

张伯苓先生更有先见之明，在卢沟桥事变之前，就在重庆布置了退身地，今日数千子弟仍能安心向学，做准备工夫，这是何等的魄力？我们钦佩之余，唯有期望他的南开精神，继续在西南来开花，来结实，完成他伟大的怀抱。

游艺各项也有相当的精彩，话剧里头的"炸药"，扮作带有神经质的发明家，举动说白都恰到好处，负伤的旅长应当更紧张一点，其余如能百尺竿头再进一步，可以说是成功之作。

锄头歌的演奏，出于各小同学之口，我们听了之后，俨然发生思国怀乡的感念。

提琴合奏，提琴原是一桩不易演奏的东西，非从小学起难以成功，合奏的人技术纯熟，琴音嘹亮，使人心旷神怡，委曲婉转的地方，也使我们觉得"山穷水尽疑无路，柳暗花明又一村"之妙。

休息时候，散纪念鲜花，鲜花虽装几斗笠，不过僧多粥少，争着要可得之，不争不要则无缘分了。

"一年无四季，有雨便是冬"的昆明，当着夜阑人静我们买车归来的时候，却首次有衣单不胜寒之感。

选自《益世周报》一九三八年第三期

// 南开校友春季大会（节选）

勾适生

"老的毁坏了；新的起来了！"

是的，百分之百地正确，抗战以来，许许多多的同胞和土地是被日本法西斯的强盗给毁坏了；同时，在敌人底后方树立起游击的根据地和战时的设施，并在我们底大后方进行军事的，政治的，经济的，社会的，以及文化的，各种准备长期抗战的复兴的工作。天津母校大学是敌人轰炸文化事业的第一个目标，那是在前年的七月二十九日。但是，那时只创办年余，设在重庆的新母校中学部很快地成长起来，现在学生已达一千四百人。母校的大学同北京大学和清华大学，联合起来上课，去年由长沙迁到昆明；去年，自流井的蜀光中学改组，由校长张伯苓博士任董事长，新母校中学主任喻传鉴先生任校长。"老的毁坏了；新的起来了。"谁敢说这不是今日的真理？这个真理适用于我们中国，更适用于我们母校。

在四十分钟的训词里，校长主要地是说出这个真理，而且用种种正在成长着的具体事实来解释这个真理："老的毁坏了；新的起来了。"

是在四月二日下午二时一刻前来为校长预祝六十晋四的寿辰的六十四位校友围成了双圈，谛听着校长底训话。六十四，六十四，这是多么凑巧，吉利！这预兆着我们中国前途远大，我们母校前途光明。

"我老吗？我并不老！日本帝国主义这一战，叫我在年龄上倒退二十年。"说到这里，校长指着坐在内圈的喻传鉴先生，接着讲："你们说他有多大年纪？有人说他是才三十八岁。"校长是兴奋起来，很自然地回忆起三十四年以来办学的奋斗史，又唤起校友别忘记我们底校训是"公"，是"能"。"用我们底知识能力，来为国家民族服务。"这句话把"公"和"能"给联系起来。

校长提到几件事：黄子坚先生领着西南联合大学的学生，由长沙步行到昆明；查良钊先生领着华北失学青年一千多人，由凤翔步行到天水，来建立一个国立甘肃中学；去年暑假后，教育部在西南联合大学里创立一个师范学院，黄子坚先生任院长，查良钊先生任主任导师，努力教育，获得各方的荣誉。时子周和郑通和二位先生分别在宁夏和甘肃主掌教育，在艰苦的条件之下，开辟荒地的教育事业。张锡羊先生办了新华实业公司，虽然是"生意兴隆"，但其目的不是在发财，而是在为国家作经济开发。一个一个地叙述。校长带着笑容，严肃地，加重地,校长又说:"我一向是乐观的,我现在是更加乐观。干!只有干!我们学校就是不断的干所积累起来的。很简单,这有什么复杂呢?"

在校友底鼓掌声中,校长就了座,预备听到场的各位校友底报告。

王恩东先生因事未到,由严仁颖先生代理主席,先请时子周和郑通二位先生报告。时先生讲述西北生活的穷困,并希望校友到西北去设立工厂。又说:"就是去一次,回来写几篇文章发表,引起社会人士对于西北的注意,也是好的。"郑先生条分缕析地讲述他底五种教育计划,特别着重生产和卫生方面。

接着,依照座位次序,各位校友报告生活和工作。轮到查良钊、章辑五、喻传鉴三位先生时,校长都指定要他们说得多点。查先生讲由凤翔到天水步行的经过;章先生讲办理战区中小学教师贵州服务团的经过;喻先生讲接办蜀光中学的经过。此外,从各位校友底简短的报告里,我发现有炼钢专家,无线电专家,企业专家,经济专家,教育专家,新闻专家,外交专家;还有一位在台儿庄战役时负伤失明一眼的李宗岱先生。轮到我时,我说:"……我本来要到华北去视察指导宣传工作,现在取消原议了。最近我又担任中苏文化协会宣传工作委员会的委员。……"

校友总会总干事郭荣生先生,用了"亦庄亦谐"的口吻,报告南开校友总会底工作。校长听着,表示满意。严仁颖先生又叙述校长如何重用郭先生："郭先生本来是帮助章辑五先生在贵阳工作，因为校友会工作必需郭先生来作，校长去年四月特地打电报，请他来；章先生为了校友会，也不得不割爱。"是一阵鼓掌声。

去年十月十七日母校卅四周年纪念，新华、华西、中央三公司，捐赠了一千个母校第三十四周年纪念章，以至少一元一个的代价，卖给校友，到现在止已卖了五百多元。这一笔钱，买了两个无线电收音机。这两收音机，由吴京和包经第夫妇为代表，一个献给校长夫妇，一个献给母校中学部（由喻先生接受），后一个于每星期六晚全体同学在礼堂听用。

经过二小时，在"渤海之滨"的校歌声中，这个校友春季大会告了结束。

选自《南开校友》一九三九年第六期

// 从文艺晚会说起

罗常培

　　三十三年五月八日的晚间，从下午七点钟起，在西南联合大学大阅览室前的草坪上，举行了一个连续五小时，听众过两千人的文艺晚会。广阔的草地免除了墙壁的间隔，皎洁的月光照澈了人间的黑暗，新鲜的空气洗涤掉滞息的污浊，比较拥挤在一间东倒西歪的破屋里——局促，憋闷，<u>丝毫没有回旋余地</u>——实在自由舒服得多了。从始到终，会一直在肃静、宁谧、热烈、渴望的氛围里进行着。席地而坐的盘得脚麻，环现场而立的站得腿酸，可是压根儿没听见一丁点儿不耐烦的反应，或无意识的浮嚣。这真让我们这班中年以往的人深切地觉着青年人的可爱。他们在一种诚挚无私的领导之下，得到一种情志上餍足，自然会无邪地打通了一切隔阂，纯洁自由地朝着共同目标去走。只要把握住这一点，当真可以引发出他们"富贵不能淫，贫贱不能移，威武不能屈"的劲儿来。金钱的牢笼，政治的约束，也许赶不上这种力量来得更大。假如行不通，那么，负领导责任的人就得痛彻反省不要轻率地把罪过加在青年的头上去。这一点是那晚上使我最受感动的，我很盼望文艺作家把那晚的博大、光明、自由三种象征，扩而充之，用他们的笔打破人类间所有的阻隔、黑暗和逼窄。至于一般爱好文艺的热烈情绪，在我看，倒还在其次。

然而这种情绪却也不可轻视的。合起联大文学院的中国文学、外国文学两系和师范学院的国文、英语两系来计算，真正志愿研究文学的统共也不过三百多人，那晚涨出将近十倍的听众究竟从哪里来的呢？据说有由工学院赶来的，有理法两学院自动参加的，还有附近两个大学和两个中学的学生，也都成群打伙来踊跃听讲，这真应了我从前说过的几句话了：

"文化的演变，都是慢慢儿地、一点儿一点儿在那儿变，绝不会抽冷子一下儿从旧的变成新的。可是，改变的泉源既然涌出来以后，不管它潜伏多少年，总有一天会成了很大的潮流，一泻千里地一个劲儿冲下来，越碰见大石头挡着它，越可以激荡成很美丽的浪花；要是有意地去堵塞它，就会叫它蓄积成更大的力量，有一天冲破堤防奔放出来，越发没法儿收拾！"

自从新文艺诞生，到现在已经二十五年了。中间虽然经过安福系的卫道，学衡派的崇文，甲寅派的挣扎，依旧阻遏不住"今日的底他它吗呢罢咧之文变"。由于一般青年普遍爱好文艺的倾向，我们可以肯定地说，尽管有人违反中山先生遗教硬主张三民主义文学应该用文言写，无论如何也摧毁不了这个新生的嫩芽!

至于那晚上十个人"会串式"的讲演,虽然应有尽有地包括了新旧文体的辩争,散文、戏剧、诗歌、小说等各种作品的收获,西洋文学的影响,以及对于文学"遗产"的态度等题目,老实说,每个题目在短促的二十分钟里绝不会发挥尽致的。就是充其量来发挥也不过把短短二十五年的旧历史加一种检讨罢了。我一向不主张讴歌过去而不瞻望将来的。过去的尽管光荣,毕竟已经过去了,如果老盘旋在这一点上,还怎能希望进步,照我看,新文艺的前途倒不在乎标榜什么主义,却在今日的作家觉悟到以往的缺陷所在,认真去弥补这种缺陷,并且注意到未来的创造。

三年前,我同陈寅恪先生在翠湖散步,偶尔谈到中国文学系不容易办的问题。他说"现在中国文学的新旧杂糅,青黄不接,恰好像现在的思想和政治一样。从前模拟昭明文选古文辞类纂和李白、杜甫的时代已经过去了,可是许多新作品又堕入了西洋文学家的窠臼,真正创作,实在不很容易。在这旧信念已失,新标准未立以前,当然还上不了轨道。"陈先生的意见自然是有感而发的,若就以往的收获来看,有许多过得去的作品虽然不见得有意去模拟西洋文学,但在形式和内容两方面,除去一两位不懂外国文的作家,都不免受了"欧化"的影响。而且现在文坛上许多知名之士,就我所能数出来的,像冯至、卞之琳、万家宝、老舍、谢冰心、冯文炳、何容、张骏祥、李广田……哪一位不是学西洋文学出身的,因此我遇到有志创作的学生，便诚恳地告诉他们——先得把外国文念好了再说！这并不是鼓励人们去模拟抄袭，因为要想增加欣赏批评的新观点，熟练创作的新技巧，都离不开这条康庄大道。除非生来是天才，有几个能够靠着时人选集和翻译作品就成了有名的文学家？如果再扯得远一点，我对于将来大学的文学院课程还想提出一个"中西合流，文语分系"的口号来！就是说，中国文学系和外国文学系，应该混同中西，合而为一；另外把中国文学系里的语言文字组和外国文学系里的语言学课程合并起来改组成语言文字学系。因为国文不通而专念西洋文学，结果和不懂西洋文学、墨守着中国文学"遗产"而高谈建设新文艺的人们同样没有前途。至于现代中国的语言文字学应该打破国界和印欧系的比较语言学互相发明，那更不待言了。

　　五四前后关于文学的中心理论，简单说来只有两个：一个是要建立一种"活的文学"，一个是要建立一种"人的文学"。前一个理论是文字工具的革新，后一个理论是文学内容的革新。综括起来就是写实主义和为人生的艺术。稍后一点的创造社又树立起浪漫主义和唯美主义的旗帜：他们"要追求文学的全，要实现文学的美"，想把文学当做"精神生活的粮食"，叫人们"可以感到多少生的欢喜，可以感到多少生的跳跃"。这两种虽然各有他们的立场，然而我个人却觉得文艺是离不开生活的：当前的大时代真是千载难逢的机会，爱好文艺的人们不必纷纷渡过太平洋，却应该把握住当下前方后方的一切现象，设身处地去体验各色人等的实际生活，再把他们深刻地描写下来，尽情暴露出来。抗战虽然经过七个年头儿了，试问有几部和时代配合的伟大作品，能够垂诸不朽？要想不放过这个时代，那么，作家的下乡或入伍是很必要的，圈在后方将被炸掉的象牙塔里描写抗战，那和从前坐在上海租界洋房里的沙发上谈普罗文学同样滑稽可笑！所以我要提出的第二个口号是："文艺离不开生活，要想把握住当前的大时代，有远大抱负的作家应该踊跃地下乡或入伍！"

对于所谓文学"遗产"我却不把它完全当垃圾看待，也不想里应外合地把它一概拉杂摧烧之；我只想根据历史的眼光、进化的观念把它如实地认清、公平地估价，坏的固然不必故意隐讳，好的也不必存心摈斥。一个有过几千年历史的民族和国家，无论如何是不会，也不该"全盘西化"的。所以我要提出第三个口号是："要拿历史的眼光重新估定中国文学的价值，还它一个在当时当地应有的地位！"

总之，五四的老调不必再三重弹了。我对于新文艺的前途仍然想到从前那两句老话：

"我们不必夸耀过去的光荣，应该努力将来的创造！"

选自《云南日报》一九四四年五月二十一日

// 今日西南联大之情形

清华土木工程学会

在抗战七年后的今日,学校艰难支撑的情形是大家都知道的。现时的生活指数已较以廿六年基准的大到三百倍以上,而教职员们的束修却只及当年的十倍还不到,生活的清苦难支是不难想见的。梅校长有鉴及此,乃本生产教育的原则创设清华服务社,该社资金定为五百万元系分向清华校友筹募,每股千元,现已组织完竣。请施嘉炀先生为该社管理委员会主席,综理其事,其下分设土木、机械、电机、应用化学、无线电、矿冶、理化、农艺八部,至其业务之范围为以上各部之咨询、设计及测验,各种机械与仪器之制造及零件之修配,与各种工程材料之改进及供应。闻该社自成立以来业务颇为发展云。

联大教授会议议决,下学期四年级各课程暂停开班,所有四年级同学均须征调为盟军通译员服务二年。于服务期间,如成绩优良者,则校方能予承认卅二个学分。如所缺学分较规定毕业学分少于卅二个学分者，均可作为于一九四四年夏毕业，此办法业已商得教部同意，而将实行。近日川滇各省风起之学生从军运动，实肇始于此云。

联大本夏毕业同学共五百零五名，本年招生录取之新生亦仅五百余名。以往同学大都享有贷金之待遇，故生活勉能维持，自本年度开始新生将废除贷金制度而改为公费待遇。凡系医工农等实科之同学，全体均为甲种公费生。理科同学则百分之八十得为甲种公费生，余为乙种公费生。文法科同学则有百分之六十得为甲种公费生，余为乙种公费生。闻甲种公费生原定除供给膳食外，尚给予相当之补助。本学期甲种公费生之待遇与贷金生相同，每月为四百九十元，但膳食则每月需六七百元。故所得尚不足缴纳膳费。闻校方现已呈请教部请求增加，尚未获得核示云。

昆市前经封存之纱布，业经省府决定以平价售与各政府机关之低级公务人员及在昆市境内之大中小学之教职员及学生。本校教职员所分得者为杂色布，而同学所得者为白色布。布质虽不佳，但价则甚廉也。

选自《国立清华大学土木工程学会会刊》一九四四年第六期

读《性心理学》

孟 琨

正如作者在本书中时常提到的，现今的人类均已自命为是够文明了，但对于性的问题，还是多么的愚昧无知。这一种错误的培殖生根，竟可说是我们所处的社会还不足认为是如何开通，而作者在半世纪前所向欧美人士指摘的话，应用于目前的中国，仍是十分符合的。

西方人的讳谈性问题，是由于宗教的传统所束缚，中国另有其畸形的道德观念。虽本质有异，但是结果是全同的。从原始人传遗到现时代，关于"性"，人们所给予的神秘帘幕始终不曾揭露。然而如果能把它视作一空洞的理论，那就放逐到思维领域外去也不打紧，可是又与每一个个人都产生着现实的密切关系而不能弃却！

因此，虽然，在社会的表面上还未曾能公开地讨论，认为是应讨论的事以前，更多的人们是已加以注意过的。只是许多利用青年心理脆弱和好奇的缘故，大龠量的性书早就半明目张胆地流传在市面上，流传在青年们的手与手之间。这一些书，为了编述者缺少严肃态度的缘故，内容往往有偏颇，或甚至于故意歪曲的所在，不仅是无从介绍读者以应具的常识，反而非科学地常引导出种种不良的后果，反教育的成效。

神圣的问题

"性"是一神圣的问题，更是一社会教育家应负责任的一项课目。性教育对于国民的重要，不论是精神生活方面，或是群众生活方面，都是件切不容怠的急务。欧美人的注意这问题还只在二十世纪初叶，除了好多研究的册子先后出版，根据各家独特的观点和方法外，定期的刊物也经常地讨论着，只是内容偏于医学或生理。其后，经过了应用作犯罪学的纲目，便渐渐形成了一种有文化意味的单位学科。

本书作者霭理士是较后于福路伊特（Sigmund Freud）的一位大家，毕生精力差不多都用在这问题的开辟。用他善长文艺的笔触，他的研究成果一次一次地通过了印刷而散布到各国家各社会去。他的观点虽然也是心理的，不过与福氏的全仗纯素的"精神分析"不同，因此也便是更科学更进步的了。在本书的刊行前，霭氏早就成名的是《性心理学研究录》（Studies in the Psycology of Sex），内容虽丰富，但是不够普遍，作为一种灌输常识的手册是欠宜的。直至本书的写就，才弥补了这一久就盼望了的缺陷。

科学的方法

　　这一本还不满三十万字的书，浅显地，但是也广袤地，讲述到每一应注意的"性"问题。方法是科学的，更是社会学的人类学的，从纵横的观点来加以分析和指示，同时亦是教育的。作者不单是客观地暴露出一件事实的存在，并且主观地加以不少意见。这许多意见，都是年青人在生活的过程里应遇到而常可决定他一生的福祸。

　　内容方面，除了如题名所表示的是关于性心理的外，多少亦涉及其他性问题的各枝节。与性生理学，性卫生学，果然仍有明确的界限可以别出。然而还是相互贯通地可以沟豁发明的。

本书的梗概

　　编制的体裁，一共罗列为八章，四十三节，外序一篇，又加上译者的序文一则，附录二则（内霭氏传略未刊）。形式和脉络是清晰的。第一章绪论，讲述作者对于"性"这问题的总综的见解，研究的动机。第二章是"性的生物学"，是从生理的本体为基而出发，释明其移递到精神的过程，而更详细地分节论及"性择"及"性择"的各因素。以下一章是"青年期的性冲动",讲到爱的初度呈现时所应采的对付,说出种种岐途的应予更改后,作者提出了对于青年施以"性教育"的要求。以上的三章差不多把性的常态心理已述毕。再跟着的二章是研究性的变态。爱的象征,性的歧变,从童年到衰到的种种不正常的性举动,更加以社会所给予的批判态度,这就是第四章的内容。从这相似的一点延展,便是关于性的逆转,也就是"同性恋"的问题。作者在第五章里详细地加以解答,并且归结到关于此项戾换现象的治疗。第六章"婚姻",是从心理的,也是社会的,去释明这一现象的种切,颇有可以补充传统意见之处。"恋爱的艺术"在第七章里,是从性的观点来说出它的关系,认为是人生享受的诸手段之一。末了的"结论",分别地讨论性冲动的"动性"及其"异化",人类文化的伟巨累积,脱不了这向来被认为猥秽的原力。

译者的成就

更应推崇的是译者,潘光旦氏,本是我国优生生理派的社会学权威,他的努力于译述本书,很有划时代的价值和意义。译笔的优美既不但是无懈可击,且其流利熔浑处实堪令人拍节称赏。此外有近十万字的注释,和从注释中分立出的一段关于同性恋的附录,都是把中国故有的文献中的范例钩出给予一种新的科学评价,使得旧文艺的无数疑征都得到新的根据,更认为是中国学者研究性心理学的另一原始的方式。

霭理士的原著在二十年前被外国认为是禁书。可幸的是中国现在也没有热心者出来"卫道"而指为不雅。类似本书的虽早就有过译或著，不过都是未曾流传广的。这书的另一译本由冯明章译出，题为《性心理》，已出版六次。但论比较，则除了注释及笔调有不及之处，而且冯著关于理论方面删削得太多。附带地在这里提起，但是对于两位介绍者所赐予我们这社会的功绩，都值得颂美。

至于本书的唯一缺点，或可说是作者还不能摆脱尽他的道学气味。这位老人在本书的各处常鼓吹他中庸的道德观。然而虽如此，虽另有许多我们不能同意的所在，仍旧不足以减损本书的价值。它纵然不致于会成为教科用的模本，可是流传在青年间，以及因流传得广而散布着新风气的养成，和其对于社会的精神观点的贡献，仍是不可限度的。

选自《申报》一九四六年十二月二十六日，《性心理学》为Havelock Ellis原著，潘光旦译注，商务印书馆出版

// 战时的昆明（节选）

张柳云

作者因公由蓉飞昆，逗留旬余，见闻所及，不少报道资料，特记之以飨读者。

生活高昂下的素食运动

昆明有三多：天上的飞机多，昼夜不停的嗡嗡着响。地上的吉普车多，到处可以看见中外军人驾着指挥车，东冲西撞。人们手上的钞票多，漫步街头，随时看见大人小人男人女人，警服袋里，菜篮子里提着一束束的钞票，卖小菜的老妈子也可以拿出几扎（每扎一千元）十元一张的钞票。钞票多的结果是币贱而货贵，平价肉要六百元一斤，小菜要百把元一斤，平价米二万元一市石。据实际买过米的人告诉我，平价米只能拿门牌一升两升的去挤购，如果稍微买多一点，只有找黑市。上月二十日左右,黑市米已达三万几千元一市石,没有门路还买不着。包子五十元一个,客饭六百元一客,黄包车的市价每里至少一百元。旅舍最起码的房价八百元一间。一个由内地初到昆明的旅客,几乎到处感觉受人欺负,被人当着"阿木林"。

贤明的昆明当局,也觉得这样高昂的生活,实在是不像话,于是在三月一日起实行素食节约运动,规定每星期一、三、五,不能屠宰猪牛羊,大家吃素,二、四、六日市上才可卖新鲜牛羊猪肉,如有违背这种的规定的,罚金甚重,但吃素的日期,虽然不准吃肉,却可以吃火腿,鸡鱼鸭更不在禁吃之列。就像这样的素食运动,听说每日可以少杀猪牛羊数百头,于节约消费,亦大有可观。我们希望将素食运动扩而大之,推行及于后方各大城市,各人将吃素节约剩下来的钱,完全献给政府,充抗战军费,纵与敌人再打七八年,我想也不会感觉财政支绌的。

千字斗米的呼吁

与素食运动同时并起的有文化界"千字斗米"运动,作者为了找人写一机构办的《训练季刊》的文字,顺便访几位能写文章的老友,谈锋甚健的某君兼玩带笑的问:贵刊稿费多少?我诚意的告诉他:"普通文稿每千字二百元,特约文稿每千字五百元,老兄的大文,当以特约给酬。"某君笑而不答的给我一张昆明各教授新订的一张铅印的《论文演讲润例》,我一字不易的把它抄在下面：

近来物价高涨，论文演讲所得之报酬价值甚微，同时精神与时间过分损失，同人等今拟有所节制，爰订润例如左：

（一）文稿每千字以斗米之值计

（二）报纸星期论文每篇以二斗米之值计

（三）演讲每次以二斗米之值计（演讲稿之发表须另依文稿付酬）

（四）稿酬先惠，定时取稿，演讲报酬亦须先惠。

附注：米价以惠酬时昆明中米之市价为凭

（以姓氏笔画为序）

王赣愚　伍启元　朱自清　吴之椿　吴　晗　邵循正
邵循恪　周作仁　周新民　胡　毅　徐毓枬　孙毓棠
陈友松　陈雪屏　张印堂　崔书琴　贺　麟　费孝通
曾昭抡　雷海宗　闻一多　杨西孟　蔡维藩　赵道抟
郑天挺　郑华炽　潘光旦　鲍觉民　戴世光。

民国三十四年三月十日订。

我看完之后，真是一番欢喜一番愁。喜的是这个运动如果成功，免得文化人都成为文丐弄得穷病交加，像洪深一样被逼自杀；愁的是这个运动的呼吁如果传播到成都，我的刊物便出不成。

选自《建国月刊》一九四五年五月第一期（创刊号）

// 九年来昆明大学教授的薪津及薪津实值

杨西孟

　　这篇短文的目的仅在发表附在后面的一个表格。这个表格列出三行数字。第一行是昆明自二十六年上半年至三十五年上半年的生活费指数，系采用云南经济委员会设计处所编的此项指数。第二项是大学教授的薪津约数，是以联大中等薪金和四口之家的津贴为标准。惟因每月薪津皆在月底发给，故各月薪津皆列作下月待遇。第三行是薪津按生活费指数折合为战前法币的数目。

　　由表中我们可以看出，自抗战以来，由于物资剧烈上涨而薪津的增加远不及物价上涨的速度，于是薪津的实在价值如崩岩一般的降落。到三十二年下半年薪津的实值只等于战前法币八元。由三百数十元的战前待遇降到八元，即是削减了原待遇百分之九十八。三十三年至三十四年上半年薪津实值盘桓于十元左右，这主要是因为米贴按市价计算的缘故。到三十四年八月抗战胜利，昆明物价猛跌（较后方其他各地跌的更多），使薪津的实值颇为提高。随后十月间昆明物价虽回涨起来，但一个月后即趋平稳，并未回复到去年七月物价的高度。其他方面薪津亦略有调整。所以胜利后的一年中薪津的实质颇有提高，总算给大家喘过一口气来。

昆明是抗战期中全国物价的最高峰，而昆明教师的货币薪津又被压的特紧，所以昆明的薪津实值要算后方最低的了。试以重庆而论，到三十二年五月的时候大学教授的薪津实值尚有战前的十七元有余，同时中学教师也有十四元八角，虽已降落不堪，但还比当时昆明大学教授的十元略余差强不少。

在抗战后期大学教授以战前八元至十元的待遇怎样维持他们和他们家庭的生活呢？这就需要描述怎样消耗早先的储蓄，典卖衣物及书籍，卖稿卖文，营养不足，衰弱，疾病，儿女夭亡，等等现象。换句话说，经常的收入不足，只有消耗资本，而最后的资本只有健康和生命了。但这一切我们在这里不拟加以描写。

至于这种待遇的经过，到底代表一些什么意义呢？是否含有耻辱呢？有耻辱是谁的耻辱？未必仅是一方面的耻辱吧？耻辱的真义仅是如一般人所理解的吗？这些问题我们在这里也不加讨论。

我们在这里只留下这份冷冷的数字，数字虽然不如普通语言的生动，但摆在这里可供目前和今后若干年代研究者的参考，特别是关心于社会、经济，以及政治问题的人们的参考。

从这类的数字，随人的运用，当可抽绎出许多的意义来。

回视抗战中高度通货膨胀下的昆明生活，恐怕大家都会感觉有如噩梦一场，这份数字也许可以认为梦中事的一种记载吧。

附表：昆明大学教授的薪津及薪津实值

	生活费指数	薪金约数（元）	薪金实值（元）
二十六年上半年	一〇〇	三五〇	三五〇.〇
下半年	一〇八	二七〇	二四九.五
二十七年上半年	一一五	三〇〇	二六〇.八
下半年	一六八	三〇〇	一七八.五
二十八年上半年	二七三	三〇〇	一〇九.七
下半年	四七〇	三〇〇	六三.八
二十九年上半年	七〇七	三〇〇	四二.四
下半年	八八九	三三〇	三七.一
三十年 上半年	一，四六三	四〇〇	二七.三
下半年	二，三五七	七七〇	三二.六
三十一年上半年	五，三二五	八六〇	一六.五
下半年	一二，六一九	一，三四三	九.九
三十二年上半年	一九，九四九	二，一八〇	一〇.六
下半年	四〇，四九九	三，六九七	八.三
三十三年上半年	八二，九八六	九，四一七	一〇.〇
下半年	一四三，三六四	一七.八六七	一〇.七

三十四年上半年　　四三〇，七七三　　五六，六五〇　　一〇.九
　　　下半年　　六〇三，九〇〇　　一一二，七五〇　　一八.五
三十五年上半年　　五一四，二九〇　　一四一，六六〇　　二七.三

　　附注：三十五年上半年之各项数字系一月至五月五个月之平均。

选自《观察》一九四六年九月十四日第一卷第三期

// 为征募清华服务社股本致清华大学校友书

潘光旦

诸位校友：

抗战了六年，我们算是阔别了六年。学校搬了家，校友也搬了家，事实上彼此的距离反比从前近了些，无奈生活栗六，流徙无常，印刷困难，交通不便，种种因缘，终于造成一个咫尺天涯比较隔绝的局面。

不过，六年如一日，学校始终在为教育努力，校友也各在岗位上效劳于抗战建国的大业，学校虽感受到播迁的痛苦，校友虽流动频繁，不遑宁处，彼此都没有敢丝毫放弃对于社会国家的责任，至于彼此自身之间的关系，表面上的契阔，并没有妨碍精神上的交往，并且谁都想在适当的机缘之下，谋取进一步的联系。

学校南迁六年，半年在长沙，五年半在昆明。就大学本部说，我们起初是长沙临时大学的一分子，后来是西南联合大学的一分子,其它两个分子是北大南开,就人力财力的成分说,三校之间,大体上是一个五、四、一的比例。至于本部以外的工作,如研究院,如各个特种研究所,如两次留美公费生的考选,当然这是我们自己的事。其工作内容,总起来说,比战前不特没有减少,反而加多。这些,我们在这里无须详说,因为,梅校长在《抗战期中的清华》一稿中已经连续的向诸位报告过,而各特种研究所,又曾另有报告,可惜限于印量与寄递的困难,没有能比较周遍的分送。

国家在艰苦中抗战,学校也在万难中支撑,此中甘苦真是一言难尽,无由缕述。不过有一点我们不妨提出,做一个例子,有此一例,其他也就可以推想而知。这一点就是学校职教员同人在极清苦的生活情形之下始终能不厌倦的为学术教育而努力。抗战开始以还的生活程度,各地有一般的高涨,昆明更处一个领导的地位,是诸君所熟知的,不过究竟高到一个什么程度,学校同人的捉襟见肘,究竟又见到什么地步,若不稍加探讨,是无法体会的。

我们从下列简单的表格里大概可以体会到:

昆明历年生活指数与联大教授薪给比例表

（指数之计算以日用品十一种为根据；计算公式为简单几何平均）

年　　月	生活指数	薪给约数 （以四口家庭计）	比　例 （即相当于战前 实得之数）
二十六年上半年	一〇〇.〇	三五〇	三五〇.〇
二十六年下半年	二四九.五	一〇八.二	二七〇
二十七年上半年	一一五.〇	三〇〇	二六〇.八
二十七年下半年	一六七.五	三〇〇	一七八.五
二十八年上半年	二七三.四	三〇〇	一〇九.七
二十八年下半年	四七〇.〇	三〇〇	六三.八
二十九年上半年	七〇七.〇	三〇〇	四二.四
二十九年下半年	八八九.〇	三三〇	三七.一
三十年上半年	一四六二.五	四〇〇	二七.三
三十年下半年	二三五六.八	七七〇	三二.六
三十一年一月	三六一五.〇	八六〇	二三.七
二月	四三八六.五	八六〇	一九.三
三月	五六四一.六	八六〇	一五.三
四月	五六〇七.八	八六〇	一五.五
五月	五七七三.〇	八六〇	一四.九
六月	六九二八.〇	八六〇	一二.四
七月	八七一七.一	八六〇	九.九
八月	一一一九四.〇	一四四〇	一二.四
九月	一二四一四.〇	一四四〇	一一.六
十月	一三四九五.九	一四四〇	一〇.〇

续表

年　　月	生活指数	薪给约数 （以四口家庭计）	比　例 （即相当于战前 实得之数）
十一月	一四八二八．〇	一四四〇	九．七
十二月	一五〇六六．〇	一四四〇	九．六
三十二年一月	一五〇二八．〇	二一八〇	一四．五
二月	一七八一八．〇	二一八〇	一二．三
三月	一八〇一二．〇	二一八〇	一二．一

从上列的表里，我们可以看得很清楚，在战前实支月薪三五〇元的一位教授，抗战开始以还，收入最少的月份可以少到九元六角。本年三月以后统计数字尚未汇齐，但照最近一两月来物价腾涨的情形加以估计，只可知目前的月入，已经比九元还要少。表中比例一栏中所示的趋势，大可以用"江河日下"一句话来代表。自三十一年春天起，形势更见得严重，职教同人几于没有一个不靠举债与售卖物品度日，到了今日，大部分的家庭已经是无债可举，无物可卖，平居如此，遇着疾病，其窘况更可想而知，而穷窘的环境之下，疾病又偏偏的多。不能不教人惊奇的是，在这种艰苦的形势之下，职教同人的更动并不多，特别是在教师一方面，这个我们在下列的第二表里可以看出：

国立清华大学教师统计表

(民国二十五年度起)

年度\院别		文学院	理学院	法学院	工学院	特种研究所	体育部	总计		附注
二十五	续聘	五九	六〇	一六	三八	八	六	一八七	二一四	
	新聘	九	九	六	一	二		二七		
	离职									
二十六	续聘	三五	四五	一二	三〇	一〇	三	一三五	一五一	
	新聘	一	六	一	三	五		一六		
	离职	三三	二四	一〇	九			七九		
二十七	续聘	三四	五〇	一三	三三	一五★	三	一四八	一九三	
	新聘	一	五		一七	二〇	二	四五		
	离职	二	一					三		
二十八	续聘	三四	五四	九	四二	三四	四	一七七	二二一	
	新聘	八	八	三	八	一七		四四		
	离职	一	一	四	八	一	一	一六		
二十九	续聘	三五	四四	一〇	二七	三四	三	一五三	二〇七	
	新聘	九	一〇	二	二三	一〇		五四		
	离职	七	一八	二	二三	一七	一	六八		

续表

年度 \ 院别		文学院	理学院	法学院	工学院	特种研究所	体育部	总计		附注
三十	续聘	三三	四四	一六	四〇	三三	二	一六八	二二八	本年度起社会学系改入法学院故文学院减少七人法学院多加七人
	新聘	七	一〇	四	二〇	一八	一	六〇		
	离职	四	一〇	三	一〇	一	一	三九		
三十一	续聘	三二	四六	一九	四三	三九*	二	一八一	二二四	
	新聘	四	六	四	一五	一四		四三		
	离职	八	八	一	一七	一二		四七		

* 原表中二十七、二十八、三十一年度院所续聘数字有印刷错误，凡加 * 号者均颠倒错位，现根据上年度续聘人数加新聘人数减本年度离职人数予以校正。——编注

从上表我们可以得到如下的结论。第一，教师的总人数，历年可以说是有增无减，战前是二一四人，而战后的廿八、三十、三十一，三年度里总数都较战前为多。廿六年度总数最少，那显然是因为战事的影响，有一小部分旧的一时不能南下，而新的也不容易添聘。第二，历年续聘的教师在数量上也始终没有很大的波动，战前的廿五年度是一八七人，战后的卅一年度是一八一人，最少的是廿六年度，那也就是战事开始的一年，所以最近政府奖励久任教授，我们所占的人数大概比任

何他校为多。第三，战前局势稳定，年终离职的教师极少，但战后也并不多，如果只算教授的数目，那离职的就更少，有好几个学系的教授始终是那么几个，例如文学院的哲学系，理学院的算学系，法学院的社会学系。第四，历年离职的教师中，绝大的多数是因为抗建的工作对他们所专长的学科有特别的要求，教他们不得不暂时放弃教读的生活。这当然是在表里看不出来的。

所有在职的教师，也并不因为生活的艰苦，而对于教学的工作有所懈怠。特种研究所的教师的专职在研究，他们的收获很多，并且已经陆续的发表。各院系的教师除了授课以外，也从事著述与研究，先后发表的作品也不在少数。历届学术审议会所公布的得奖人数的名单里，在数量上，在名次上，我们的地位也不在他校之下。职员同人，或参加联大，或留在本校办事处，也是一样的黾勉从公，工作的繁重较战前有过之无不及。因为职教同人的不辞艰苦劳瘁，所以历年的毕业生，无论清华名下的，或联大名下的，在品质上都还能维持相当的水准，三十一年，英庚款派送的留学生里，我们占到百分之八十。

我们职教同人的所以能如此，当然不是偶然的，其间至少有三个很重要的原因。第一，他们对于学术工作，有深刻的兴趣。第二，他们对于本校有浓厚的感情。第三，他们对于君子固穷之理有亲切的体验。有其一，他们所以不改行，有其二，所以不改校，有其三，所以不改节。圣达节，次守节，无疑的他们都是能守节的人。固穷，守节，是读书人应有的事，在他们自己不以为奇，不过负学校行政之责的人，和学校有渊源关系，以至于和他们有过师生或同学关系的校友，能坐视么？能袖手旁观他们因生活的磨折而至于不能继续为学术教育努力么？不能。惟其不能，所以最近有"清华服务社"的组织，想用生产合作的方式，来补助职教同人的生计，使目下艰苦备尝、贫病交加的程度，多少可以减少几分。学校方面，准备供给一部分专家与技术的能力，即课业与研究以外的一些余闲的能力，一部分的设备，即课业与研究所需之余的一些设备，至于资金之来源与业务上的合作，那就不能不仰仗于校友与热心教育的一般社会人士了。

关于此举，昆明的校友，是最早就与闻的，重庆贵阳以至于桂林的校友最近也参加了一部分意见，都认为极有意义，且其意义尚不止一端。扶持学校职教同人的生活，即所以维护学校，是意义之一。各地校友，因此而多一重共同的兴趣，多一条联系的途径，多一个团结的表示，是意义之二。两年前学校举行廿九周年纪念大会的时候，昆明的校友曾经建议创办各种事业，小之可以促进校友的结合，大之可望于前途建国的工作有所裨益，目前此举不妨认为是此种事业的一个尝试，一个滥觞，一旦抗战结束，我们不难加以扩充调整，完全成为校友对国家社会的一个贡献，这是意义之三。因为有这三重意义，所以都希望早观厥成。

这封公启的目的就在更正式的请求全国的校友对于服务

社的通力合作。我们这次希望能凑集五百万元的资金，即一共五千股，每股一千元。我们有校友四千余人，如果每人至少出一股，而至多的股数并无限制，这希望是不难实现的。万一凑不很足，我们再当向爱护我们的社会人士和企业团体征求。不过我们主要的对象是校友，校友是自家人，我们最好能够不假外力。清华的问题，清华的人自己来解决。我们深信凡属校友都有同样的观感，而能于百忙之中，为我们出些主意，节约之余，为我们出些股款，在校友得以外示饮水思源、报本反始的微衷，在学校可以收集腋成裘、众擎易举的效果。关于社中的组织和服务的办法，另具章则，并请察览。

选自《自由之路》，潘光旦著，商务印书馆一九四六年九月初版

// 中国的文化新阵地——云南
——调查迁滇学术文化团体记（节选）

罗奉先

自"七七"事变，展开全面抗战后，敌人恃其精锐之武器，猛烈之炮火，向我们不断地攻击，其目的在使我们屈服，而遂其"速战速决"的迷梦。于其侵略当中，为欲摇动我后方抗战的意志，更不顾违背国际公法，派寇机到非战区域，滥施轰炸。而对于我们的文化机关，更大肆摧残。如轰炸历史悠久的南开，建筑伟大的暨南，便是一个例子。国内教育当局，为求使一般学子安全，并期望能在这烽火声中，仍然能努力研求，以增强抗战力量起见，特明令战区和附近战区的各校，以及各文化团体，纷纷向西南各省迁移复课，以避免空袭时无益的牺牲和过度的伤害。除迁川、黔、桂各省的学校不计外，迁滇的学术文化团体，先后已达二十余单位，都在这山国里，埋头苦干,以增强抗战的力量,而发动文化抗敌的工作。我们为了要使国内的人力能明瞭同这战时教育的动态起见,所以把迁滇的各学术文化团体加以介绍:

西南联合大学

西南联合大学是北大、清华、南开三校合并而成。在中国的文化上,在中国民族的解放史上,都有着光荣伟大的贡献。从"五四"运动,直到卢沟桥事件发生,每一次国内的救亡运动中,他们始终是很英勇地站在全国民众和全国学生的最前线。就在抗战发动以后,全国民众和学生的救亡潮浪空前高涨中,他们始终保持着自己的岗位,丝毫没有退缩,落后,表现出他们为国家民族而向敌人奋斗。

如今是为了整个华北的沦为战区,由于一切学校的全被敌人盘据或炸毁!给他们不单是失学,而是弄得无家可归。但他们的意志,并不因此而颓丧;他们的英勇,并不因此而消失。相反地是受了敌人压迫的鼓励,使他们的勇气更加增强,使他们的勇气,更加增高。这次的迁滇,由长沙步行千里,经过了多少的风尘跋涉的艰苦,那种坚决安定,刻苦耐劳的神色,不仅使国内人士钦仰;就是国际间的朋友,也表现出无限的同情。

北大、清华、南开,都具有悠久的历史,其间经过不少的改革,造就的人才,数目是颇足以使人惊讶。看吧!国内的文化界、实业界,以及其他各界,都不是可以看到三校毕业的同学,他们都在为着学业而奋斗,为着抗战而努力。

现在三校合并为西南联大,组织校务委员会,由蒋梦麟(北大)、梅贻琦(清华)、张伯苓(南开)三人分任委员。下设秘书处、总务处、教务处、建设处、文学院、法商学院、理学院、工学院、图书馆等九处。迁滇后,为应事实之需要,复增设师范学院,并于工学院内添办航空工程学系。秘书主任系杨振声负责,总务长为沈履,教务长为樊际昌,建设长黄钰生,文学院长冯友兰,法商学院长陈序经,理学院长吴有训,工学院长施嘉炀,图书馆长袁同礼,师范学院长黄钰生。计文学院有男生一百八十人,女生四十二人,共学生二百二十二人。法商学院有男生二百六十人,女生二十一人,共学生二百八十一人。理学院有男生二百一十人,女生三十三人,共二百四十三人。工学院有男生二百三十四人,女生二人,共二百三十六人。统计各院系共有学生九百八十二人,内有女生一百一十六人(系上年十二月以前旧生),与本年度新生合计,约近二千人矣。在初迁滇时,理工学院设于蒙自,其余则设于昆明,最近因校舍已逐渐完成,已完全移昆明上课。

北平图书馆

国立北平图书馆,为国内重要文化机关,藏书之富,甲于全国。有深长之历史,自旧都沦陷后,始将其中一部分迁滇，以保存新旧文化。现已设馆地址于柿花巷内，开始办公，由袁同礼主持办理。兹将其沿革及设置志后：

（一）[北平部分]溯自暴日侵华，故都沦陷，该馆北平方面，因受时局之影响，馆务不无停顿。但尚能在特殊环境下，保持其独立地位，除旧本书籍已于数年全部移存安全地点外，其他现存书籍，皆无损失。内部行政，亦仍旧贯，使国家文物不致损失。至北平之馆务，除采访一项，因经费及交通关系，暂时停顿外，其他整理工作，均在积极进行中，可略述如下：（甲）[图书及采访]据本年七月之统计，自事变以来至本年六月，各方捐赠之书，共七六三种，一一七八册。各书局呈缴之新书，共一九六种，一九六册。中西文舆图二二种，照片一十七种，期刊一八五册。西文书三〇三册，期刊一二〇册，交换书一八册，期刊二五七册，另有傅女士赠俄文文学书一二三册，日文书六四册，期刊九二一册，小册子及其他五五册，西文书五四二册，日文书八一四册，期刊三四九册，杂志四四九册。（乙）[编目]本年整理工作，以中文书本目录之编制最为重要，全部校阅，已完成大部份。此外旧本书、蒙藏文书、西文书、舆图金石等目录，均继续编制，不久即可完成未竟之工作。（丙）[索引]编制索引，共计六种。（1）石刻题跋索引。（2）图书论文索引。（3）医学论文索引。（4）工程论文索引。（5）地学论文索引。（6）历史书籍论文目录。（丁）[其他考订及编制工作]计有：（1）丛书子目汇编。（2）曲录新编。（3）永乐大典书名通检。（4）群书校记。（5）金石文录等。

（戊）[阅览及参考]到该馆阅览者平均每日八百余人，并编成参考书目多种，以便利读者。

（二）[昆明部分]故都沦陷后，该馆与长沙临时大学合组图书馆。凡北平馆订购之书报，均改寄长沙。俾使协助该大学完成图书设备。本年五月，奉令迁滇。初在昆明迤西会馆，成立办事处，十二月复在柿花巷廿二号，与西南联合大学继续合作，将所藏图书，分存于该大学文法理工各学院，故不另设阅览室，刻下工作偏重采访及编制约下列六端：（甲）征购西南文献。西南诸省文献之重要，自不待言，但尚无系统之整理。该馆既奉令开发西南文化，必须对于以往之历史，为彻底之了解，乃从事征购西南文献（包括各省之地方志及当地宿旧之诗文集）以资研考而便整理。（乙）传拓西南名刻，滇省虽僻处南服，然汉魏碑铭，宋元石刻，散在各县者，颇不在少数。因风雨之残蚀，日渐损坏。该馆为收罗珍计，已雇工赴各地传拓，预计一年，方能竣事。（丙）调查苗族文物。湘、川、滇、黔、桂各省之特种民族，颇占相当重要之地位，顾其语言风俗文字等，我国人向不注意，外人游历考查，反多有所纪载，或且成为专书，该馆刻正征购有关苗夷之照片及中西文之纪载，并从事初部之调查工作。（丁）征购抗战史料，为及时搜集关于中日战事史料，以免散失起见，该馆现与西南联大合组中日战事史料徵辑会。中日文资料，由联大担任，欧美史料，由该馆担任，期合众力而成伟作。（戊）征购安南缅甸文献，安南缅甸之必要，该馆特拨专款从事购置。（己）征集崙门论文单行本。专门论文,多载在专额期刊中,该馆为便利学者起见,除向欧美学者征求其著作外,并征求及论文单行本,以期分类庋藏而便研考。

此外如编制新书目录,编制抗战论文索引,编制西南边疆图籍录,编制云南书目,编辑云南研究参考史料等工作,均在进行中,限于篇幅,故特从略。

昆明化学分会

该会为国内外专门化学家所组织,以促进化学之研究,及化学工业为宗旨。成立迄今,业已六载,会员达二千余人。自抗战发生后,会员之来昆明者约百余人,爰经决定成立,推定昆明分会由汪浏、曾昭抡、杨石先、赵雁来、苗天宝等十一人为筹备委员,筹备成立。

南开经济研究院

该院为南开大学之附设研究所,有十二年之历史。初系附设于南开,名为南开经济研究委员会,继因事实之需要,乃改为经济研究院。专研究社会经济及战时金融政治等。初设于河北,系现任农本局总经理何廉所创办。该院之研究者,有研究生二种,于四年前曾招收研究生一次。现尚有研究所十余人,研究员十余人。故都沦陷后,总处移于重庆,昆明设办事处,以资通讯。现本市办事处之负责者为陈序经。来滇后由丁佶、李作民、林维英等对货币及金融问题特别加以研究,以期于国家有所贡献,并该院因沦陷而停顿之一切刊物,已拟在滇复刊云。此外尚有正欲迁滇,及拟迁滇之多数学校与文化团体,及云大之于抗战中改为国立等,均以篇幅所限,故不再赘述。

选自《云南教育通讯》一九三九年第二十五至二十七期合刊。本文尚有"国立北平研究院""经济部地质调查所""唐山工学院""中山大学""中央研究院""同济大学""中正医学院""北平中法大学""国立艺术专科学校""静生调查团""中央政治学校大理分校""中央通讯社""营造学社""国民经济研究所昆明通讯处""中华大学""国立国术体育专科学校"和"中央国术馆"各节,限于篇幅,未能照录。

// 赴滇考察西南大学教育报告

朱有光

甲、行程经过

本年九月初，校长自英国回校，即命光于开学后赴滇考察西南各大学现状，及特别研究因战事影响而迁入内地各校之经验。十月间，开学事务较为停妥，遂于廿二号乘船离港，取道海防赴滇。未行前，已闻滇越铁路，路基有两处被水冲毁，不能通车，惟车至路基损坏处，乘客可步行越过，换车前进。及抵海防，始悉该路各大站均已住满等候换车之旅客，路局只售票至越滇边界之"老街"，不得已在海防逗留一星期。

十一月一日，通车已恢复。是日早晨由河内乘慢车赴昆明，三号晚抵达。下榻于旧同学莫泮芹博士府上。莫博士现任国立西南联合大学外国语文学系教授，莫夫人则供职于国立北平图书馆昆明办事处。二人不特殷勤招待，且指导参观昆明市各文化机关，诚为难得。十一月十二日往澂江参观国立中山大学。晨早乘火车，半小时至呈贡，转乘"滑杆"（即山兜），八小时抵澂江县城。承中大师范学院院长崔载阳博士招待在其寓所住宿。时适中大庆祝十五周年纪念，在城内举行展览会、运动会、游艺会等活动。该校各学院多在县城附近乡间，分日出发参观，十七日仍由原路返抵昆明。

十一月十九日早晨，自昆明启程往大理县喜洲镇，参观华中大学及协和神道学院。公路汽车循滇缅公路行车两日抵下关。第三日转乘滑杆经大理至喜洲镇，朝发夕至。在彼勾留四天，寄寓于龚约翰院长府上。廿六日由喜洲乘马回下关，转公路汽车，于廿八号下午返抵昆明。

在昆明继续参观各机关，事毕，于十二月四日乘滇越铁路快车往安南，一昼夜即达河内。八号由海防乘船返港，十号早抵埠。

此行共历五十日，计在海防候车一星期，在昆明前后共两星期，在澂江五日，在喜洲四日，其余二十日都在路上。曾参观国立西南联合大学、国立同济大学、国立云南大学、国立中正医学院、国立上海医学院、国立中山大学、私立华中大学、私立协和神道学院，及国立中央研究院社会科学研究所、化学研究所及物理学研究所。所到之处，必与各校当局及各部主管人晤谈。在西南联大师范学院、中大师范学院及华中教育学院，曾被请作学术演讲，讲题均为"导生制效率之科学的研究"。

乙、一般观念

余此次考察主要对象，为迁入内地的大学，但对于地方背景之有关办学者亦自然注意。此行赴滇尚属初次，故未能与战前情况比较。滇省地高山多，敌军固难进犯，城市以外，广大乡村区域，空袭危险亦小。一般未入内地的人，以为内地随时随地都有空袭危险，在滇省未见其然也。处居乡间的人，生活大都如常，外间人看来几不知抗战有何影响。此为第一点观感。

抗战期中，交通运输事业为国家命脉。自南宁失守后，我国现存三条国际交通路线中，有两条通过云南，可见滇省地位的重要。原有之滇越铁路，已成之滇缅公路、滇黔公路及正在建筑中之滇缅铁路、川滇公路，及拟建筑之叙昆铁路、滇越公路，均为伟大之工程。此外尚有昆渝、昆蓉、昆筑各航空线。余往大理喜洲，得在滇缅公路上行车两日，深览我国运用人力小型工具在短促时间内而能完成偌大工程之难能可贵。从前从大理出昆明，骑马需时十四天，今则两天半可达，交通可称利便。惟是交通运输求过于供，乘客购票，往往须预早一星期乃至两三星期，团体旅行尤难购得整批车票。故大学员生之来校或就学，往往因交通困难而至不能依时到校，或竟至中途改变计划。学校之图书仪器，多积压于海防或贵阳，往往历时半年或一年尚未能运到应用，影响教学效率颇大。此为第二点观感。

昆明市区内及近郊物价近来暴涨，米价每担竟达国币七十余元。并且不易购得。闻昆明附近地带，皆为产米之区，而竟价昂若此，可称怪事。在我国社会，米价高涨则百物随之腾贵，日久不特贫苦阶级无以为生，就大学教员中已有一星期只能食肉两天者，大学生中已有因饥寒交迫而致往饭馆食人余馔者。许多大学生预计一年开支之款，半年已用罄。学校用款更难预算，以物价日涨，不能预先估计也。近日政府虽有平抑物价之举，然功效尚少，仍有待特政治上的努力。其实所谓内地抗战建国新气象，在短期内的表面上观察，尚不十分显著。此为第三点观感。

迁入内地的大学，在此艰苦环境中，大多能努力适应及改善环境，认真管教，以维正常大学教育于不堕，其奋斗精神，殊堪钦佩，学生亦以求学机会难得，经济困难，多数尚能刻苦用功，诚一良好现象。至学校办理不善，员生敷衍了事者，或徒挂招牌而工作欠充实者，亦在所不免。此为第四点观感。

丙、他校经验总述

迁入内地的大学，期所处的环境及所遇的实际问题，一部分是各个不同的，一部分是具有共同性的。其由困难、失败、损失、危险中所接待的经验，至为宝贵，兹统括起来，略述如下，以供参考。至其中个别事实之根据，有不便公开宣布者从略。

（一）择地

关于迁校先决问题，厥为选择校址。迁滇各院校中有四所曾迁移两次或三次者。其中因远途跋涉，运输阻滞，而致虚费时间精神，损失金钱校产，散失教员学生不少。故不迁则已，一迁则须迁至最后目的地，切忌一迁再迁。选择地点应注意下列各点：

（1）宜择一比较安全地点。附近无军事机关，地点无军事重要，不特现在不落在战线附近，而且预料在抗战之将来阶段亦大概不会变为军事必争之地。

（2）欲完全避免空袭，殆不可能，办法唯有选择小县城、小镇，或乡区为校地。盖大城市常有被空袭之危险，往往须强迫疏散人口，若在乡区则空袭危险性较少。抑且在小镇乡区学校一切设施，比较自由，不易受人控制或操纵。

（3）被选地点交通情形，不特要利便开首的迁移，并且要利便以后粮食之接济，逐年添置图书仪器之运输，及新旧员生之来往。此点与以上第一点往往冲突，盖交通线常为军事路线，而军事上安全的区域又往往交通不便也。闻有许多学生原拟往或被派往重庆、成都或喜洲各大学就学，但既到昆明，以前途交通不便，即要求昆明各院校收容。

（4）须得拟迁地点当地政府之积极赞助，及地方人士之合作，乃可迁往。并须于事前有关系之各机关有清楚的君子协定或书面合约，否则员生衣食住行问题，就不易解决，遑论其他办学问题。开始关系如能清楚严谨，则日后双方感情自然融洽。如交涉时笼统模糊，则日后纠纷备至，悔之已晚。

（二）设备

（1）迁校所需用之图书仪器校具，宜于开始迁移时一次过运足；一切消耗品至少须足供一学年之用。勿过于期望以后陆续的添运，因交通情形，变化甚速，不可预测也。迁校时运输必须得当地政府予以便利，否则有钱亦办不通。

（2）内地大学添购外国图书仪器最感困难，一因运输不便，二因国币外汇市价跌落。各院校向财部请领官价外汇，依平均经验说，大概可得请领数十分之一。

（3）医药卫生设备，至为重要。学校如有医学院自办小规模医院，既可供医学教学，又可服务全校。即无医学院，亦应有医师护士及员生留医地方。最低限度，附近须有医院与其特约办法，利便员生，否则员生健康无保障，不能安心学业也。有两校初抵新校址时，医药设备不周，学生数人病死，使员生大起恐慌，及令他人裹足不敢来校，可为车鉴。

（三）政策

在理论上，迁入内地的大学，宜积极参加抗战建国工作，提高校方文化水准，但实际上不易做到，大多数院校能恢复正常教学情形，已算难得。一因应付新环境问题，已费去教职员大部份精神时间及学校财力，实际无若何余力举办许多校外工作。二因校外工作如不得地方人士的赞助，亦不易为力。校外种种因素,非学校所能控制,故所见各院校之一切设施,均与平时同,除增设几科"战时科目",及协助若干政府机关研究专题外,并无所谓"战时大学教育"。一般大学当局认为如能在战时维持正常的高等教育,就是大学对国家的贡献。

(四)学生

(1)每校有其学生重要来源,迁校时宜注意此点。不宜迁离其学生来源太远。最低限度,其来源与新校址间之交通须要相当便利及省钱,否则旧生随时校搬迁者固不多,新生来校者亦有限。不久学生人数将锐减。

(2)入内地之院校,无论其为公立或私立,其学生人数有五成以上须学校贷金者。领贷金学生不特学杂费全免,且须学校每月每人贷金国币十元津贴膳费。战时学生经济之拮据,可见一斑。

(3)毕业生之出路,固视个人及学校之优劣而异;但据一般经验,抗战以来,内地毕业生出路比前特佳。各校去年度毕业生大多数有业可就,月薪折实约国币七八十元。较著名之学校,其毕业生于毕业前六个月已被人定聘。各科男女学生皆然,并不如一般想像只限于理工科及男生也。

(五)生活

(1)迁入内地的学校,其新校址物质环境,当然比不上其原校。依一般观察,日常生活中衣食住行的问题,已占去员生不少精神和时间,尤其是初到的时候。故能使员生生活安定,是一件要事。

（2）迁入乡村区域的学校，员生失掉在原校时的消遣或娱乐机会，而又未习惯新环境下所可能的消遣，加以日常衣食住行的问题都得费心思来解决，遂致生活有时不免单调或枯燥。有些学校一部份较为丰裕的员生，竟以"吃大餐"为主要消遣或娱乐。各校于安顿课室、实验、宿食之余，渐次已注意学生之体育、消遣、娱乐问题矣。

（六）其他

（1）两校或两校以上同时迁入内地合并为一校或共同合作，除一个著名例外，在联合中各原校保持个性尚可相当合作外，其余大多数都发生严重问题。此是力量与实际的又一冲突。故与其合并而发生困难，倒不如各自分别解决迁校问题。

（2）入内地的学校，其成绩优劣，一部分固视乎环境客观条件之好坏，一部亦视乎主持迁校之行政当局之能力。其行政人员有领袖才，肯躬亲任劳怨者，其迁校后情形较佳。其马虎者或委托别人办理者，迁移后学校情形涣散，学校有瓦解之虞。故迁校时人事因素，亦须慎重考虑。

以上所提各点，俱荦荦大者，看来似甚平凡，且系根据一省高等教育机关的经验，未必能代表全国内地大学的状况。至关于各校迁移耗费多少，因学校之大小，路途之远近，交通之难易，新址之情形而异。不易找得共通结论，故不论列。

邻人以全力来侵，我国仓促应战。一面抗战，一面重新组织国力。在极端艰难困苦情形之下，政府仍竭力维持教育机关,使各大学迁入比较安全地带,继续学术之研究及人才之训练。不特对于建国为一伟大政策,即对世界之文化史亦可算一新页也。

选自《教育季刊》一九四〇年第十六卷第一期

八年来云南之植物学研究
（民国二十七年至三十四年）

余德浚

引　言

自七七抗战开始，吾国文化中心之北平，首先沦陷，津沪京穗等地继之。沿海各埠之大学及研究机关均奉命作内迁之计，八年来昆明已形成吾国西南文化重镇，教授专家学者毕集，一时称盛。统计战时迁滇及前此在滇之机关学校，其曾从事于云南植物之研究者有下列各校所：

国立北京大学生物学系
国立清华大学生物学系
国立清华大学农业研究所
国立中山大学农学院

中法大学生物学系
国立北平研究院植物学研究所
国立中国医药所研究所
静生生物调查所植物部
庐山森林公园
国立云南大学生物系
国立云南大学农学院
云南农林植物研究所

在此时期中，各校所之图书参考研究设备多数简陋；物价累涨，研教人员之生活亦特为清苦。惟均能各就所长，在极端困难情形之下，进行其本位工作，不论纯粹植物学与应用植物学皆各有相当成绩，弥足珍贵。但以抗战期间印刷困难，各机关出版品均甚寥寥；有时若干专门论文曾在国外杂志期刊发表，国人亦少一读之机会。现在抗战已告胜利，各机关纷纷复员言归，研究工作早经结束，即留滇各机关亦将重订其今后研究计划。故在此八年中之一切科学工作，不特在云南学术史占一重要位置，即在全国科学工作历程上亦为最可珍贵之一阶段。爰就作者所习之植物科学方面作一综合报道，以供今后从事植物学研究工作者之参考。惟个人见闻有限，遗漏误传之处在所不免，至希各科专家之补充修正焉。

一、云南植物之调查采集

近百年来吾国川滇康诸省以植物富庶，著称于世。各国植物学机关及园艺会社，均曾先后派员来华，采集奇花异木，以供研究试验之资料。云南植物之采集，英法德美各有特殊之贡献，而其中以法人德卫神父（J.M.Delavay）（一八六三至一八九五年）、英之傅礼士（G.Forrest）（一九○八年至一九三一年）与亨利（A.Henry）（一八九三至一八九五年）、奥之韩德马（H.Handel Mazzetti）（一九一四至一九一八年）诸氏，收获尤多，举世公认云南为植物学家之宝库。

国人在云南之采集，当以北京大学教授钟观光氏为最早（民国八年）；而曾作大规模之调查采集者，当以北平静生生物调查所为嚆矢。该所先后派员如蔡希陶（民国二十年之二十二年）、王启无（民国二十三年至二十五年）、余德浚（民国二十六至二十七年）等多人，轮流在滇工作，结至抗战初期止该所在滇工作已七载，收获植物学资料、标本木材苗木种子达四万余号。二十七年春该所并曾与省教育厅合作组织云南农林植物研究所，为长期在滇调查采集研究之计划。抗战发生后该所在平本部工作虽陷于停顿，而云南植物采集尚勉力继续数年之久：刘瑛君曾于二十八年至顺宁景东等地采集。王启无君曾于二十九年赴滇东南部文山马关西畴富县各地采集，三十年西赴保山漕涧镇康孟定等地采集。张英伯君曾于二十九年赴滇东北之乌蒙山，三十一年赴富民罗次，三十三年为勘测沿滇缅公路线出产之木材，西抵保山，沿途亦作标本采集。郑万钧氏曾于三十一年赴开远弥勒调查采集。汪发缵邓祥坤梁国贤诸氏则自二十八年迄三十一年随时在昆明附近作标本之采集：统计该所在战时之标本收罗，亦逾二万号以上。

此外西南联合大学生物系师生历年均在昆明附近各地及大理苍山作实习采集，而以昆明植物搜罗极详。中山大学农学院师生曾作澂江植物之调查采集。云大生物系师生曾作河口之植物采集。中国医药研究所则在昆明大理丽江等处，专作药用植物之调查采集。北平研究院植物研究所在刘慎谔氏领导之下，曾西至腾龙，南至元江，北至丽江，除作植物地理考察外，并作各种标本之采集。庐山植物园设工作站于丽江，秦仁昌冯国楣二氏曾在丽江维西中甸贡山各地，详作高山植物之搜罗，先后达三年之久，收获标本约共一万五千余号。

二、植物分类学之研究

植物分类学重在分别门类，鉴定正确之科学名称，进而研究植物之系统与进化关系。此为研究植物学之初步工作，但亦为最基本工作。滇省以地形气候复杂，复为东亚马来康藏印度四植物区系汇萃之地，品类繁多实合寒温热三带植物兼而有之。经近年来之调查采集，植物之新种特种与新纪录年有发现。胡先啸氏曾在云南植物发现木兰科卫矛科胡桃科中各有一新属,在其所著《中国植物分类小志》与《中国西南部植物之新分布》两文中记云南之植物新种与新分布各均数十种。胡氏复与郑万钧氏合作研究云南之木本植物,新发现尤多,如云南七叶树、云南紫荆、王氏短叶松、俞氏冷杉、求江枳棋、蜡瓣花二种、拟赤杨各二种与十种新槭树此其著例。《云南树木志》之编纂正在分别起草中。陈封怀氏对于云南产之樱草属、乌头属、飞燕草属、人参属之植物均曾详作研究,并为云南特产之三七订立正确之科学名词(Panax notoginseng [Burkill] Chen)。汪发缵氏对于云南之兰科百合与海桐属之植物曾加研究,百合科中之新发现甚多。蒋英氏在云南萝摩科中发表一新属,夹竹桃中新种新纪录颇多。吴徵镒氏与匡可任氏对于昆明植物与云南之药用植物研究尤详。蔡希陶氏对于云南产豆科植物,作者之于蔷薇科秋海棠科山茶属皆曾作研究。以上为种子植物分类研究之概况。

孢子植物中蕨类专家秦仁昌氏,对于云南先后采集之蕨类植物均经鉴定完毕,新种发现甚夥,对于水龙骨科之整理与许多属名之订正,供献尤多。其巨著《中国蕨类全志》亦在集稿中。戴芳澜氏对于云南菌类研究调查极详,曾有《云南经济植物病害之初步调查报告》付刊。多种食用菌且已绘制精美彩色图稿,备作图谱之用,《中国真菌名录》在续编中。李良庆氏曾就王采之云南淡水藻类加以研究,计共得绿藻二百二十七种,蓝绿藻八十一种,不等毛藻四种,游藻三种,红藻金褐藻双鞭藻各一种,详见《静生汇报》九卷四期中。

于此作者回忆前清华大学教授吴蕴珍氏，先生在抗战之初即随校来昆明，以子女众多生活异常刻苦，虽僻居陋巷犹终日孜孜精研植物分类，见识精密超越常人。对于明吴其濬之《植物名实图考》，尤多修正补充之处。其学不厌教不倦之精神，随之学者无不向往。卒因劳致疾，以十二指肠炎殁于昆明。其后清华助教杨承元氏、联大助教蔡德惠氏，均继先生之后去世。杨氏在华北任采集工作多年，特长于分类与植物地理，蔡氏专治中国山茱萸科颇有心得。三氏之未能终其天年，实中国植物界之巨大损失，极堪悲恸。聊纪于此，以当纪念。

三、植物形态学之研究

在此八年中云南植物形态学之研究，多在北大教授张景钺氏领导之下进行，其所取材且多系云南之特产植物。张氏曾发现倪藤之新型原胚。按倪藤俗呼水子，为迤西迤南一带偶见之野生水果，在分类学此系较为原始之被子植物，其原胚分枝方法甚为特别，在植物界中前此未曾发现。孙兆年氏研究滇产大南星与魔芋之形态及幼苗之发达，着重营养叶与鳞叶之关系，二者证明鳞叶与营养叶开始相似，但在早期即分途演变，为突然之变化。但同法观察竹之发达，则发现其叶片之形状与大小其间有连续之变化，而营养叶与鳞叶间并无显明之界限；又茎之节间与叶片面积两者之变异并无关系。又孙氏复曾自滇粤所产之苏枋木中提取染料苏枋素，试验其在生物组织制片上之染色效应。徐仁氏曾试验自本地出产之桉树油及漆腊，代加拿大松脂为生物制片封剂。二氏之发明，在缺乏外洋药之战时，为生物制片解除技术困难不少，殊足重视。徐氏复经曾研究一年油杉之生活史。周家炽氏对于寄生一年济济植物之病菌曾作普遍调查，对于白蚁与鸡棕菌之共生现象曾作详细观察，后者为云南特产菌之一，其生活史饶有趣味。

四、植物生理学之研究

植物生理学之研究多在汤佩松教授领导之下进行，昔日在昆明之生理专家级生理研究设备，亦多集中于大普吉清华大学农业研究所。该所研究范围甚广，自动植物生理人体生理以至医药化工诸门，八年之间完成论文八十余篇，大多有油印之摘要问世。汤氏为研究细胞呼吸生理专家，对于此门供献甚多。近年来植物生理与生物化学之新发现，如生长素、青微素以及杀虫新药 DDT 等，该所均曾自制并试验其各种处理之效果。

汤氏与陈绍龄氏曾使用秋水仙素处理大麦，发生同质四元体，并已继续繁殖至第五代，四元体之大麦植株麦穗种子均与普通大麦有显著之不同，结实率较低，生长较慢，成熟较迟，抗力较强，为其特征。刘金旭氏曾使用植物生长素及萤光染料涂于咖科瓜科之植物上，促成单性结实。北大教授殷宏章氏曾用生长素处理各种插条促进生根，如油桐木棉以及多种树木与园艺植物。此外关于生长素对于绿藻之生长同化呼吸灯作用之影响,生长素对于春化作用之影响,各种有机化物所表现之植物刺激作用,植物休眠期之生理作用,桐油储藏期间之化学变化,以及美国桐油工业之概况等,皆有专文发表。云大李仲璆氏曾经试验环涂生长素于向日葵幼植物上,观察其对于茎叶所产生之影响。

娄成后氏曾研究落花生结实之发展阶段,以及胚胎发育成型为种子时所受环境之影响。盖在生活史中发展与生长为截然两事,对于植物而言适于生长之地点未必即适于发展之环境,此观点为近十年来植物生理学上之重要变迁,关系农业至巨;而落花生之须花后入土结实,正为研究此一问题之适当材料。薛应龙氏研究植物之激感现象,取材用植物中最具敏感之含羞草。观察其灵敏度存一日间之变异。法以直流电刺激含羞草之叶柄,测验其一日所能引起含羞草反应之最低电压值,并试定此刺激在叶柄上之传导率。沈同氏研究动植物生理,偏重营养问题,氏曾分析滇产之油柑子(俗称橄榄)所含之各有机酸,并确知其为舍丙种维生素最多之野生水果之一。郑伟光氏等自行配制 DDT 粉,并测定其杀虫效力。

又有足述者,张景钺、李继侗、吴蕴珍三教授合编大学课本《普通植物学》一巨册,以三位专家分任形态生理分类三部门,信其珠联璧合定为最新颖而最适合之教本,在战时已完成大部分,希望全稿早日付刊以惠后学。

五、植物生物学之研究

云南植物经近年中外人士连续之调查采集，对于各种植物生态与分布等已渐明瞭。奥韩德马氏对于华西南植物地理与景观，曾有专书发表。王启无氏在《静生汇报》九卷二期，曾发表《云南植物组合之研究》一文，大别本省植物为十四种组合（极地植物、高山草原、高山丛薄、杜鹃林、柏林、冷杉林、桦槭混合林、水藓沿泽、松林、橡林、湖泽植物、河谷植物、雨林）并叙明形成每种组合之地文及气候因子，以及在每种组合中之重要植物。刘慎谔氏在李士曾先生六十岁纪念论文集中发表《云南植物地理》一文，指出云南植物之特点，分析云南植物与地形上及气候之关系，以及云南植物与外围植物之关系，篇末并及于云南植物之应用。时至今日云南植物尤其属于亚热带之部分，虽尚待探讨之处尚多，然而关于云南植物地理之纲领，二氏之作已树立其基础矣。

六、云南木材学之研究

云南木材之研究为张伯英氏主持，而由云南农林植物研究所、中央研究院工学研究所以及联大工学院公路材料实验室供给其调查研究与试验工作之方便。氏之研究木材分为数方面：其一为云南各林区内重要木材标本之采集，已去者有昆明富民罗次诸县，滇东北部之乌蒙山，以及滇西部沿滇缅公路线之林区。其二为昆明商用木材市场与采运方法之调查。其三为滇中部主要木材之鉴定，计已完成一百二十七种切片，分隶于六十科九十四属。其四为木材物理性之研究，计已完成一百零六种木材含水量与比重之测定，及四十种木材弦径两面之收缩试验。其五为木材力学性质之测定，曾就所采五十二种木材分别作静曲、动曲、纵压、横压、顺纹拉力、横纹拉力、剪切、劈开、硬度等之试验。其六为木材之化学分析，拟就习见之十种木材，分析其水分灰分各种配精物纤维素木素等，进而试作松木及栎木之木材干馏，比较其干馏产物。此外氏并曾研究施朱登木之木材组织，以确定其在系统上之位置。据此推断该独种属应独立成为一科，但可附属于山茶部。此则利用解剖学上之观察，辅助解决分类学之疑难问题也。

七、云南药用植物之研究

抗战期间以西药来源断绝，而军民需要孔急，中国医药之提倡颇盛一时。教部曾在昆明设立中国医药研究所，所址在西郊陈家营，聘生理学专家经利彬氏主其事。经氏曾与吴徵镒、匡可任、蔡德惠三氏合编《滇南本草图谱》，根据昔贤兰茂所著《滇南本草》，参比实物详绘图形，并各附以释名、原文、形态、学名与中名之考证，分布药理等之纪载。其第一卷于民国卅四年出版，内容含滇产药用植物共二十五种。篇首列吴蕴珍与吴徵镒二氏合作发表之金铁锁新属新种（Psammosilene Tunicoides）原始纪载。盖所以纪念先哲吴教授也。逮抗战胜利该所复奉命结束，本草图谱之刊行亦随之停顿。此外吴徵镒氏曾就《滇南本草》（云南丛书本及务本堂本），与《植物名实图考》所记云南药物之名称，以及实际采访所得，编订《云南药物名目》一文，后之欲继续完成《滇南本草》者，当可以之为重要参考。

再《教育与科学》杂志第四期第五期刊有李天禄氏撰《云南药用植物》一文，记白芷与蓝花参，同刊第六期中王守仁有《三七栽培研究》一文。《云南农林植物研究所丛刊》二期载有陈封怀氏之《国产药用植物名称之鉴定及其栽培方法》一文。均为不可多得之作。

八、森林植物之研究

关于云南森林植物之研究方面甚多，其属于树木分类学者，胡先骕、郑万钧二氏当为权威，新属新种之发表，异名之订正，无虑数百，此类奇异树木不特为植物学上饶有兴趣之研究，其中且多富有经济价值者。其详略见本文第二章中，兹不复赘。

其属于树木生长之研究者，王启无氏曾完成滇中四种针叶树（云南松、华山松、油杉、圆柏）与滇西四种针叶树（冷杉、云杉、铁杉、屠杉）之树干解析及材积生长量之计算。作者曾完成滇中七种阔树（滇白杨、滇赤杨、滇楸、滇朴、胡桃、香椿、栓皮栎）之树干解析及生长量之计算，云大森林系师生亦曾就滇中之重要树木多种，完成生长量之计算，均为森林经理不可缺乏之资料。

其属于树木繁殖方法之研究者，王启无与作者曾合作在嵩明玉溪等县实地观察各处森林之天然繁殖现象，以及云南松干部扭曲之成因与其所在地地文因子之影响。作者并在黑龙潭试验各种林木之人工繁殖方法：曾用种子繁殖者为滇中重要树木卅三种，除作不同播种期与不同土壤中生长情况之比较外，并详记各种幼苗之萌芽与历年生长之情况。曾用插条繁殖者，为滇中习见树木十三种，详见《林学杂志》第八期。

至于林区之测勘，材积之统计，以及森林之科学经营与管理，则秦仁昌氏在丽江兼长金沙江国有林管区时曾就玉龙雪山云岭主眼及哈巴雪山三处详加研究各有报告。

九、云南经济植物之研究

滇省地形气候庞杂，各地有各地之特产，须先经该作调查，方足为开发利用之张本。二十九年王启无氏曾就滇东南部出产之三七桐油八角油草果绿皮等，详作特产产量之调查统计；三十年王氏复去滇西调查龙陵制纸工业，以及当地出产之茶叶漆树漆油芦子等之产销情况，均各拟有调查报告书。复据作者统计研究云南所产足称经济植物之种类不下千余，其中大别之可为木材、油漆料、纤维料、染料、单宁料、肥皂料、橡胶料、栓皮料、糊料、紫胶料、食粮、蔬菜、果品、嗜好料、药材、驱虫料等十六类，详载于《云南农林植物研究所丛刊》第一期。该所对于数种经济植物如普洱茶、白枪杆小檗、郁金、黄麻、蓖麻以及多种烟草，均作小规模之试验栽培。

此外关于云南之农艺植物经专实之调查研究者尤夥！如周拾禄氏之于稻作品种，徐季吾氏之于小麦品种，冯泽芳俞启葆等诸氏之于云南草棉与木棉，冯言安氏之于呈贡果树，曾省氏之于云南多种蔬菜与花卉，丁振麟氏之于野生大豆与栽培大豆之遗传现象，俞大绂氏之于豆麦抗病育种，均各有专精之调查与研究。此虽牵涉农学园艺学之范围，然亦可包括于广义的县用植物学范围以内，其中有者已经专文发表，有者尚在继续研究中。

结　论

以上九项，前五者为纯理之植物学研究，后四者制偏于应用范围，篇幅所限未能一一详述。综合八年来在云南之植物学研究有三特色：其一为各机关之研究多以云南本产之植物为对象，因云南天然物境优越，植物品类富厚，而其甚多新颖之植物与新颖之问题尚待研究，便于就地取材，事半而功倍也。其二在战时各机关之研究材料，多取其经济价值攸关者，良以战时纯理之植物学研究限于设备，进行匪易，且以海口封锁物资困难，学者乃设法在本产植物中求其代用品，进而讲求如何制造与大量生产之方法，以资利用厚生，增强抗战之实力也。其三为在极端贫困简陋设备之下，进行任何研究试验工作，均须预先自行设法解决工具与药料之问题，因此无形中发明若干新方法与新器物，此种发明即在平时亦颇有利用之价值。兹者战事结束，情况作异势。云南植物学上之须待研究探讨者，问题尚多，留滇继续工作之机关与人才已寥寥无几，如何步履前贤完成伟业，以抗战时期艰苦奋斗之精神努力学术建国之工作，尚有待国内植物学界先进之合作协助，愿与留滇工作同志共致力焉。

选自《教育与科学》一九四六年十二月第二卷第二期

// 战时中国西南部科学之发展

[英]李约瑟（L.Jasph）

一 物理化学科学

因为战争与世界环境之情势使然，自由中国与世界其他国家已隔离得太久了，现凡有关于中国科学界同人从事于何种工作之记载，均为英美两国《自然》科学杂志之读者所深感兴趣，在过去数星期中，自从我从印度乘机抵达中国我即有很好的机会参观中国科学家在各部门所做之工作，现在把那些工作介绍与其他同盟国诸科学家，实是一件重要之事。

昆明即云南省会是一个很古的中国城市，据于广大的昆明湖之北端，地势平坦，群山环绕，其整个区域，无论冬夏，气候均极温和而多阳光，因其原野并不太大，四围山峰，均可在望，故为世界最美丽城市之一。人民务农甚多，其灌溉多靠苦心经营的沟渠之助，他们的堤岸常比其围绕的田地略为高出,上面栽植松树,载运雨水,沿山下注,溯自元朝(约在西元1200年)即已如此。科学团体,分散于离城不同的距离之各处,运输多藉马车、煤炭汽车、平台四轮车,或货车。

国立联合西南大学(西南联合大学),由北京、清华和南开三大学联合而成,也许在自由中国是最大的教育中心,其校址离城不远。清华校长梅贻琦(物理学家)处理内部与当地之事,北大校长蒋梦麟处理外面各事,两位都是特出之人物,具有中国学者之理想。各系都是简陋的平房,四周以泥砖砌成,屋顶用瓦或薄铅片覆之,但有些尚有雕檐,具有中国建筑之传统的作风。内部地面是用土和少许司门丁铺成的,研究和教课用的实验室之装配,在这种环境之下,均用尽心思和智巧。例如,因为没有煤气可资利用,一切加热,均用电气;前些时候,当电热器(用黏土自制的)所需用的金属丝缺乏供应,实验工作,即告停顿,直至后来自云南兵工厂所出的枪械旋盘上金属片可以代替金属丝之功用发觉后,工作始告恢复。又如当由苏木取出的一种染料,名亨莫陶克斯林(Hemotoxylin)缺乏时,则用云南出产的一种黄色木材中得着一种类似的颜料,以代替之。当显微镜载玻璃缺乏时,则用空袭震破的窗用玻璃板裁成适当的大小以代替之。当盖玻璃得不着时,则以土产云母代之。吹玻璃因无煤气,则用从糖蜜为原料所酿成的酒精经过电炉化成酒精蒸气以代替之,其余这类的例子很多,以后还可补充。联大校址,位于风景区,有几分像上笛塞得(Opper Deeside),远有松柏与丘陵,怡然在望。无空袭隐避所,若有严重空袭时，居民即疏散于附郊之山上。每一所砖屋之各层中均设置一个大汽油桶，当警报发作时，一切最贵重的器皿均置于其中，除直接中弹外，可望保其安全。以联大粗简之建筑，尚蒙敌机光顾数次，许多小屋，均被炸毁。联大物理系（理学院院长吴有训陪我去参观），正在进行的主要之工作，为赵忠尧博士与张文裕博士对于宇宙线之分布及其他各种性质之研究，他们两位都在剑桥大学凯文第施实验室（Conendish Laboratory）做过工作。但是吾人可意料的，在目前困难环境之下，进行理论方面之工作，比较多些。吴大猷博士最近出版一本很重要的关于分子摆动之著作，此书是在上海将失陷前付印的，曾送给一本到凯文第施实验室。无线电物理为马士俊马大猷所研究。数理物理、势力学之类为王竹溪（福勒尔教授 Prof.Fowler 之学生）与黄子卿所研究。饶毓泰教授（北平大学理学院院长）有一位很出色的青年数学家华罗庚，他从哈德教授（Prof.G.H.Hardy）做过研究。

化学方面主要的工作多受杨石先与曾昭抡二教授之领导，他们两位都是有机化学家。该系主要工作之一，为中国古药方中治疟药所含植物碱类（Alkoloids）与配醣物类（Glucosidec）之研究，此种研究在目前世界奎宁缺乏情况之下，极关重要。也有一组跟随朱汝华博士一同工作。她的兴趣是在研究元子团在菲二醇 [9.10]（phenanthrene pinacot）中迁移之素性，并研究维生素 K 对于氨苯磺醯胺属（Salphsnilimide）药物之关系，曾教授与其同试验者正研究乙二醇 [1.2] 类滑油（Glycol lubriconts），不幸的是，如同我曾经所看到别处化学实验室一样，实验工作多因化学药品之缺乏而大感困难。其需要供给之情形几乎比书籍与杂志更为迫切。化学工程为谢明山博士（伊格同教授 Prof.Egerton 之学生）所担任。物理化学教授中一位为钱人元教授（亨西尔屋德教授 Prof.Hinshelwood 之学生）。使我深感愉快的即在图书馆书架上发觉有一整套为牛津大学所赠予的《化学会杂志》和其他杂志，这实在是一件很难的事。

并非所有的北京、清华和南开大学的研究所都包含在联合大学之内，清华研究所在龙王池外，离城约有两小时行程之距离。比较著名的为矿冶研究所（为王遵明博士所主持）、无线电物理研究所（为任之恭博士所主持）与结晶物理研究所（为余瑞璜博士所主持，他昔从维廉布拉格爵士父子 Sir William Braggs 做过研究）。矿冶研究所与云南地质调查所合作，鉴定云南省新发现的许多饶有兴趣且蕴藏甚富的矿苗，并曾发现若干具有热电性质之重要的新合金。无线电物理研究所全注重电信交通，并在因陋就简的环境之下，做成许多可做试验用的活塞之仪器。结晶物理学研究所有很好的设备，都是在云南做的。例如，德拜与希尔氏（Delyw-scherer）粉状结晶电影片，劳氏（lane）摆动电影片之类，均是在当地制造的。昆明海拔甚高（在海面六千呎以上），电花间隙（Spark-gop）之装置，都受影响。这些研究所都有很好的工场，但是，若财力充裕，能够把北平和汉口沦陷后从华东救出来的或经过日本防线偷运过来的机器,装置并动作起来,他们的工厂,恐更要好些。这些科学研究机关,也有一个很大的困难,就是大学或政府所给予其技术助手之薪资,比较他们在这样物价高涨的时期,去经营商业所能获得的钱少得太多,我对于这个问题在下面还有很多要说的。

中国除掉大学以外,还有两个国立学术机关,即中央研究院(Acodemy Acadmia Sinica)与北平研究院(Peiping Academy)。中央研究院有十个研究所,其天文、化学与工程三个研究所在昆明附近,天文观测台是从南京紫金山她的美丽的建筑迁徙出来的,现时位于大树村,离昆明甚远。研究人员中有一位为戴文赛博士,曾在剑桥读过书的,昔从司垂腾教授(Prof.Straton)做过研究。故化学研究所较为接近市区,所长为吴学周博士,此所在吴博士领导之下所进行之工作,为有机与无机化合物紫外光带之分析及土产药物有效成份之分析。工程研究所大部工作为玻璃工艺家与冶金问题,其工厂多替其他研究所制造各种仪器,如波动自记器与呼吸状态测定器等等。北平研究院物理与化学两组位于离昆明市区约三小时之行程,其地点是在离白玉山不远的一个山脚之下。物理组受严济慈与钱临照二博士之指导,其工作几乎完全转向于战时需用品之制造,并有一个特殊的工厂之设立,可摩制显微镜与望远镜上之透镜。这个研究所实际上是在专门制造教学与研究上用的各种显微镜。其自己所需用的各种仪器,如度弧器之类,也是自制的。但是这种工作还是以自英国购来的光学玻璃为材料。此外，尚完全用新的方法制造无线电上稳定周波率额水晶压电结晶体。这些制造品，均有一定出产量，因此可供给其他同盟国之需。该所尚有一有趣之事，即钱临照博士曾致力于中国科学史之工作，并对于古代中国哲学家墨子（西元四〇〇年前）所著的光学各章，加以研究。北平研究院也有一个化学组，为刘为涛所主持。该所也进行土产治疟药之研究，为澳洲留学的一位有机化学家王序博士所工作，另外并进行大黄族蒽酮化合物（Anthraquinone Compomds）之研究。

我同北平研究院几位同人一阵参观一所中国最大的工厂，叫作中央机器厂，此厂建筑在云南一个山谷中，雇有数千工人。我们在此地看到许多很辛苦制成的机器可制造各种精细的工具，齿轮与车轮，以及其他须要高度准确的工程上各部份之机件。他们都隐匿在运河及人造山洞中，为避免空袭之危险。在山洞之深处，吾人看见一位很技巧的工人在一间等温室中以蔡司公司制造的度量机器为标准校对机器制造之精确度。洞中吾人所见到的情况，除锻钢炉为一种最新式的充装煤气的炉子而外，均与赫费司塔士（Hephaestus）地方之山洞中情况一样。另一个地方，有一大铸造厂和集合商店，其学徒制度，颇使人存留好的印象。没有若干特殊的工作室，以训练青年装配匠与机器匠。工厂主要的出品，均为最基本的机械，如钻孔机、削平机、碾碎机、穿孔机、滚转机等等。这些机器都是供给兵工厂与其他各工厂之需。此外尚有完美的出产品，排成行列放着，看来甚为动人。这些机械，实值得专章叙述。此厂一切工务,都是受一位工程师(以前为物理学家)王守竞博士之指导。王博士的父亲王季同博士,现为一位可尊敬的七十老翁,也是极有趣味的人。此老翁是一位翰林学士的儿子,为中国头等近代工程师,现已退休,专心研究佛教与近代思想之关系。

叙述中央机器厂,顺便有一个机会提起一件中国很有希望的预兆,即中国人已努力脱离文人不屑与手艺人为伍之传统的观念及旧式的过分谦恭之礼节。在这些工厂中,有许多大学工学院毕业生与普通工人共同工作,日复一日的担任每一种特殊工程之照管与每一段工作之管理。此实一变旧日毕业生之态度而入于实际工作之表现。同样的进步在汤非凡博士所主持的国立痘苗制造所中也可见出,该所每周举行一次类似一种市乡运动会,全所医药人员、细菌学家、玻璃工作、装配师、打样师及办事人员,均加入一起,从事于削平并改良其基址之工作,使其变为一个很合乎卫生的公园。

关于地质家之工作,尚未叙述。联大地质学家(在孙云铸教授领导之下,孙教授昔从剑桥马尔教授 Prof.Marr 做过研究)与云南地质矿物调查所密切合作,进行工作。他们双方共同把本省大部分之地质,均曾加以研究,利用一所风景绝佳的乡间古屋为博物馆,内有许多很好的采集品,分地层、矿苗、古生物各组陈列之。云南是一个极端富于矿物资源的地区,有可羡慕的锑、砒、锌、铜、铁、钨、钴、锡、褐碳、岩盐、石棉与云母各矿,磷酸沉积,亦可分布甚广,其中磷之含量到百分之三十八。

下一篇，我将叙述在自由中国重要地区所进行的生物学与社会学方面之各种工作。

二　生物学与社会科学

上节中我已经把中国科学界同人在自由中国西南部困难环境之下，从事于物理和化学工作之情形，加以叙述。

他们所处的环境，如何困难，实不易描写。学生住的宿舍，甚为拥挤，极易感染疾病，如肺病等。由于无适常洗濯之方便，传染病如沙眼之类，也很普遍。守正轨的科学家们，其以前的与今日的生活之对比，悬殊甚大。许多很有科学造就的男女们都住在东倒西歪的不易弄得很清洁的古老式房屋中。他们的待遇只增加七倍而云南生活程度已增加一百零三倍，我只能把这种生活与住在阿机尔雪尔（Argyllshire）海岸居民所过之生活相比，他们以前一年工作之收入为一千镑和一层楼房，而现时一年之收入，尚不及七十镑。常常有人名闻欧美尚不得一温饱。他们之中有多少人愿意过这种逐放的生活而不愿在侵略者统治之下，过一种较为舒适的生活咧？

我现在转来谈谈昆明附近正在进行的若干生物学研究工作。国立西南联大有很多植物学之研究在张景钺教授领导之下而进行，细胞学为吴素萱博士(她曾读书于安阿伯城中麦西根大学 Ann Arbor Michigon) 所研究。植物生物学为李继侗博士所研究。他对于紫色植物闭胎受精之问题，颇感兴趣。营养试验室为一位极其努力的沈同博士所指导，此试验室发现一种新的且极丰富的维生素 C 之来源——也许是已知的最富于维生素 C 之来源——为一种大戟属之植物（Enphorbioceae），吾人称之为中国橄榄。昆虫学在刘崇乐与陆近仁二氏指导之下，正从事于对于中国颇具有经济价值的脂胶昆虫之研究。同样，对于云南毛虫之类，尤其是害虫之研究，差不多也预备好了一付完备的锁钥。云南植物志大部分工作，原为故教授吴韫珍所作，他由于困苦致病，又无完善设备的医院，予以医治，已于去年去世，现正由简焯坡博士准备将其著作设法付印。

在龙王池外，有普通生理与植物病理两个清华研究所，普通生理研究所是在汤佩松博士领导之下进行工作。他在美国尤其在芝加哥及握兹荷尔地方协助机拉得博士 R.W.Gerard 从事研究，极负盛名。受汤博士创作力与才能之感召，追随于其左右者除沈同而外，尚有当学于加省理工大学的植物生长刺激素专家殷宏章博士与正从事于植物电感应工作之生理物理学家娄成后博士等。在这样粗陋环境之下，尚可看到测验植物生长的一个很完备的试验室，实在是一件很可惊喜之事。汤博士之研究集团，也很有兴趣研究花生结实之机构，此为对于中国颇有经济价值之问题。他们又从事于蚕的代谢作用及生理作用。植物原形质之流出及多元型之产生诸研究。由于面对中国科学上诸实际问题之激励，汤博士已写成一本论文，吾人希望其能在英国或美国出版。

另一个清华研究所，即植物病理研究所为戴芳澜博士所主持，这个研究所，也有许多令人感觉兴趣之问题正在研究中。如菌类分类学（裘维藩《大麦病害线形虫之传播物》、俞大绂《对于豆类凋萎与大麦生锈抵抗力之遗传》、方中达《水栖菌类形态学》、沈善炯及周家炽《白蚁与某一菌类之间一种共栖或交相刺激的特别组织》等等）。

论文的抄稿，在以往两年内堆积在这些研究所中者甚多。科学论文在中国得不到合式的印刷，而邮寄又感检查及别种困难，使科学家不敢轻于将其抄稿交付邮递。这些事实对于中国科学界同人之精神实已构成一种很大的威胁。所以英国科学使者之政策是在把这些应受称许的论文介绍到英美科学杂志上去发表，等到中国复原为止。

离开清华研究所不远一个乡间，有一所教育部设立的医药研究所，为经利彬博士所主持。此研究所特殊注重植物及国产药材制药之研究。他的屋子是一所古老的乡村寺庙，在其正厅有一座很大的观音像露首肯之色望着那些已编目的干的植物之采集品，许多卷本草刊板（中国古曲、药书）及小型印刷厂，在那机子上正在印刷一种新种植物之说明，其中已有若干册赠送到英国植物园中。

经利彬博士也是北平研究院生理学组主任，此组与动物学组（主任为张玺博士）位于昆明湖之滨。动物学组有一所很可工作的图书馆。此组正从事于湖中游浮植物（刘永彬）、湖中可食的鱼类之各种疾病及软体动物（Mgaria）之研究，Margaria 为在此区域产生甚多河食的胎生腹足动物。在昆明另有一所国立防疫处，为一位中国最能干的细菌学家汤非凡博士所主持，并有王友维博士与其他工作人员所协助。去年此处曾制造五百万剂伤寒苗种。此处也制造少许淋巴、白喉、破伤风诸抗毒素及许多其他药品，包含诊断抗原如诊断伤寒病的魏多尔氏试验血清（Widol test serun）及抗梅毒的康氏抗原（Kahn Antigen）、伤寒菌苗之制造亦在准备中。汤博士在英美细菌学家、免疫学家与热带病专家中，均颇闻名。他的制造厂中马房及动物室虽在缺乏供给流水之设备，尚能维持高度之清洁，而培养、装瓶及试验部门，亦能维持极有效率之系统。特殊有趣之事，是此制造厂有一极完备之玻璃厂，所出产的中性玻璃，是用邻近的原料做成的，该厂即用以制造贮针药之玻璃管及毛细管。玻璃厂也可做各式样的玻璃瓶、玻璃管、冷却器、玻璃杯等等。谈起此厂之事实颇有趣。其惟一可用的蒸气炉既漏气又不安全，每晚用过之后必须要修理。就用这样炉子，其一切器皿之消毒、蒸馏水之供给等等，尚可继续进行达数月之久，幸运得很，并未发生意外之事。此处最不肯放松之精神，为用过的洋菜，尚想出一种特殊的方法再为利用。即用渗滤法使用过的洋菜从湖中一种容器渗滤直至湖中鱼类之略夺变为太大，并且滤器必须装配于陆上已无极少可用的物质时止。当市场供给蛋白酵素断绝时，该处即培养一群豚豕，俟其情形变为可产生少量的蛋白酵素时，此豚豕即用特殊喂养办法，使其变肥。但是这是极端花费的，诚如所有的动物之喂养一样。例如因培养白喉血清，须得养马，但以其太费，所养之马已大予减少。

此处所制造的血清，现正供给各同盟国在东方的军队及中国军队之用。

昆明城内，尚有一国立云南大学，校址幽美，校舍有若干为古代建筑的考试厅。她曾遭过敌机的严重轰炸，整个化学系，都被炸毁。多数教员，可操法语，因为法国文化，以前在云南颇有影响的关系，例如赵应来教授为一位有机化学家，昔从格林雅德教授 Prof.Grignord 做过研究。云大药物学院小而精致，其各种功课，均用法文，校长熊庆来博士是一位很有学问的数学家，也可操法语。但是各系主任之中，有一位主任，崔之兰女士，是在德国留学的生物形态学家，她现在担任指导详细解剖工作，研究两栖动物中嗅器管之起源，此为是项科目的实验工作之初步。她是考饶士（Krans）、司培曼（Sperman）、哈特曼（Hartmsnn）诸氏之门徒。云南大学在目前是很长于社会科学，其重要的教员中有王赣愚博士（欧拉土特·伯克尔教授 Ernest Borker 之学生）与费孝通博士，他颇负盛誉，因其为马林罗士克教授（Prof.Malinowski）最优秀的学生中之一，并因他曾著有《中国乡村》一书。费博士主持一个研究所，即云南与燕京两大学合办的社会科学与人类学研究所。此研究所，设于离昆明数小时行程的一个镇市上之一座古塔中，此塔系奉祀文奎星（文神）即名奎阁。其所以设立该处者，因有一位在前清中过翰林的镇民之赞助的关系。塔之顶层贮藏神像之处，充做一部分图书馆之用，其底下一层为主要的工作室，此研究所最近出版很多有价值的小册子。许烺光博士为费博士的主要同事,曾有一著作,将近代药物介绍到中国西陲之原始社会中,为着这个工作的关系,他对于霍乱之传染必须作一次仔细之观测。像克卜林故事《一位医学博士》中所谈的利可拉司——喀尔柏培尔（Nicholas Culpcppcr in Kiplings story）一样有人虽依着错误的理论而讲究卫生,但同时还相信道士与巫术之功。其余同事对于云南工人之情状与该省各农村之经济亦颇有著述。

在同一镇市之其他部分,另有一清华研究所,即统计与调查研究所,该所得陈达博士之主持,戴世光博士之协助选定若干地区,做一种实验性的调查工作,观察乡民之反应,纠正各种错误之来源,并看如何才能使中国乡民惯于一种必须顺序举行之程序。此研究所设于孔庙之内,一种堂皇的,接一连二的拱廊与洞门,导吾人入一正殿,其前面有一高起的平台,被几株高大的古松所荫蔽,殿内神龛中,设有镶金的圣人牌位,四围则为其门弟子牌位,其中孟子与朱熹的牌位,尚可识别。神龛下面,放有计算机与统计学家卡片索引。料想孔子很高兴看见他的屋子这样用来为众多乡民服务之所,那些乡民他说"先必养之,而后教之"。

孔子像我们今日许多人一样,很关心政府各种问题。科学与政府之间在英美尚不易解决,在中国当更少有解决。初看起来,中国各大学中诸科学家与各种工业之间,似尚未有十分密切之关系,还有一种过于注重应用科学而轻视纯粹科学之趋势,尤其是在学生之训练与派送学生出国方面为然。科学家平常是无人知道的或被人视为纯学术而非应用之人才，但有时有些人也希望他们立刻能发生应用上之效果，而那些人平时对于科学家向其请求适当的物质上之帮助与主要的研究实用之供给，竟置若罔闻。政府机关，对科学家之忠告，也不十分欣赏，也许我们可以希望这些观点，将很快的能以改变过来。

在这两篇文章中，只能报导一点中国西南区科学方面之特殊的情形。其主要的印像，留在参观这个重要云南省各科学研究所诸人之脑海中者，为他们在中国边远之区所表现的一种不可克服的坚忍与勇气，与其在这样艰苦之中所表现的安然自得之精神。此对于曾有宠幸的看见他们工作于这样环境之下的任何人，将来回想起来，将是一件很有感触的经历，而于其时，这些科学家，必已回复其原来位置，并重建其应享之繁荣了。

选自《新中华》一九四五年十二月，复刊第三卷十二期；本文又刊于英文版《自然》杂志1943年第152卷

联大：学府花絮

逶迤 枫等

◇顾大使前在联大演讲时，曾用两眼轻轻向台下一扫，接着便说："今天在场的两千多位同学……"可见外交家的会场经验，非同凡响。虽已两鬓斑白，但倜傥风度，不让当年；巴黎和会的风头，藉可想见一二。

◇胡适之博士卸任大使以后，原拟返国重度教授生涯，在联大开讲《中国文学史》第四段，继因身体关系，不宜高空飞行，暂不返国，美方人士，咸望胡博士利用余暇写两本书，一为《战后的世界》，一为《战后的中国》。

◇清华大学教授金岳霖，下学期将应美国某大学之聘，前往讲学。

◇牛津大学东方哲学讲师休士，刻在北大文科研究所，从事译述。所译《道德经》业已脱稿，将着手再译冯友兰教授之《新事论》。

◇主张"全盘西化"之陈序经教授,在某次座谈会上发言,"全盘"态度,仍甚坚定。

(以上一九四三年一月十日创刊号,未署名)

◇冯友兰教授每逢星期四下午在昆北院花园露天上课,草地上均告"座满",所讲极受同学欢迎。

(以上一九四三年一月二十日第一卷第二期,署名"念")

◇联大有"二抢三挤":二抢乃饭堂抢饭,图书馆抢书。三挤乃挤着看信,挤着看报,挤着听讲演。

◇轰动全市的某大学三角情杀案发生后,全校同学均极关心,有的同情男的,有的同情女的,有的都不同情。据某专家统计,同情女的最多!现女主角仍寓医院中,前往探慰者不绝于途。

◇近来联大云大中法举办之系统讲座,听者常告满座,据说这是因为学生多听不起戏,看不起电影,只有讲演不花钱,还听得起。

◇联大文史十四讲与北大文科研究所的讲演,以雷海宗的《两汉皇帝的私生活》与罗庸的《诗的欣赏》听者众多。

(署名"枫君")

◇英国剑桥大学教授陶德斯二十六日上午在联大演讲英国教育近况,氏系研究古代希腊文学,拟在中国各地作短期游历后,仍返联大授课。

◇联大校委梅贻琦先生赴渝办理清华大学保送留美学生

事宜，现已公毕返昆。

◇联大文学院长冯友兰先生应中央训练团高级班之请，本月底飞渝讲学。

◇幽默大师林语堂近在美国写一小说，自题华文书名"风声鹤唳"，不知所用何典，现联大外文系图书馆有此书。

◇期考已毕，各课外团体号召旅行之广告充斥布告栏，有所谓"壮士饥餐红烧肉，笑谈渴饮长湖水"之句，极尽广告术之能事。

◇期考完毕，成绩公布处终日人山人海，一如电影场争先购票之观众然。

（除注明者外均署名"逶迤"，以上一九四三年一月卅一日第一卷第三期）

◇寒假内联大法商学院主办新约系统讲演四讲，由教授邵循恪、崔书琴、赵凤喈、李士彤主将。逐日在南区十号教室讲出，听众极为踊跃。

◇元月末联大陈雪屏教授曾主讲《青年与婚姻》，笑声时起，同学均甚满意。

◇旧历年将届，号召聚餐之广告，布满校内，沦陷区同学则皆敬而远之。

◇寒假期内，同学多趁良机，向异性发动春季攻势。一时卖早点者，利市百倍。竟日挤拥于电影场门前之购票者，也因之增加了许多。

（以上一九四三年二月十日第一卷第四期，署名"逶迤"）

◇赴大理讲学之十教授,已全部返校,对大理之风光,莫不交口称赞。

◇前联大情杀案主角吴女士,已伤愈出院,依然碧玉玲珑。

◇联大师生赴石林旅行之各团体,均已返校,前传途中遇险事,全属子虚。

◇黑龙潭茶花盛开,男女同学,前往赏花者,络绎不绝。

◇某教授监考时,见一女生作弊,正待发作,该生回头嫣然一笑,某教授不能自持,怒火遂即消逝。

◇旧年后,物价飞涨,联大各膳团,均感无法维持,现在正设法向当局要求增发贷金。

◇上期联大失窃者甚多,以政治系教授龚祥瑞及中国文学系主任罗常培损失最重。

(以上一九四三年二月二十日第一卷第五期,未署名)

◇联大教职员消费合作社成立,教授太太,多麇集于合作社门前,候买较贱三二元之油盐。

◇经济系名教授伍启元,与该系高材生黄顺美女士结婚,女方主持人为陈序经教授。

◇潘光旦先生新开《家庭问题》一课,同学选者甚多,抑为预作未来组织家庭时之准备欤?

◇全昆明的伙食,以联大女生食堂为最廉,每月仅一百八十元。据专家统计，系因女生食量甚小，且不断有男朋友"请客"之故。

◇联大门前卖早点的"早市"，现极萧条，原因不明。

◇"学生服兵役"的消息传出后，曾引起一阵纷扰，现已平复。

◇联大青年团于十九日赴海口参观各工厂，现已返校。

◇联大合作社开幕后，由物理教授霍秉权兼经理，据说颇为公平。

（以上一九四三年二月廿八日第一卷第六期，署名"枫"）

◇文林街有一食堂名曰潇湘馆，某教授颇不以为然，因该教授素极崇拜林黛玉，觉得这简直是侮辱了林妹妹。

◇联大经济系周作仁教授，与北平附敌之周作人，音全相同，仅有一字之差，新来同学，多以为周作人又来了！

◇联大物理系有朱物华教授，化学系有朱汝华女教授，人多误以为兄妹，实则毫无关系。

◇联大女生食堂通吃一百余元，现学校当局，因恐有碍健康，已令该食堂膳费不能低于申补贷金之数，即不能低于二百三十元。

◇联大附近，建造之学生服务处，已竣工多日，但尚未见"服务"。

◇联大学生记过者，多因擅携图书馆参考书不按时交还。

◇某处之学生救济金，每月仍发六元，仅足吃一碗米线。

◇联大之文池奖学金,已开始申请,每人年仅四百元。

(以上一九四三年三月十日第一卷第七期,署名"枫")

◇联大国文系助教多人,在该系办公室联合出卖书籍。

◇近日亢旱,联大水井均已干涸,同学中数日不洗脸者,大有人在,亦有携小罐远奔校外汲水者,返校时多汗流浃背。

◇联大学生膳食贷金月仅二百四十三元,不敷最低限度之开支,膳食日劣,除少数较有办法者外,余均面有菜色,体重与日俱减。

◇联大教授罗常培氏,新由大理调查边疆语言归来,十八日晚在昆北食堂讲《语言与文化》,内容精彩,诸教授列席旁听者甚众。

◇牛津大学哲学教授休士先生,近更名为修中诚,不知者多误以为中国人。

◇联大同学精神生活与物质生活均感枯燥,多于寝室门前,种种花草,设计小型园圃,用以自娱。

◇近来天气渐暖,女同学多更换夏装,两臂外露,引人注目,但男同学仍多着冬衣,说者谓男女两性对温度感觉大有不同。

(以上一九四三年三月卅一日第一卷第九期,署名"逶迤")

选自《大观楼旬刊》一九四三年第一卷各期

// 联大风光

佚 名

◇（一九四〇年）西南联大在昆明，生活方面，因限于经费及地址，种种设备简陋，在城北三分寺附近，经年余的苦心经营，终于落成了模范监狱式的学生宿舍四十余所，和比较明窗净几的教室与实验室三十余所，并有相当宽敞的图书馆及食堂各一，此所谓联大的新校舍也。

联大近来，自教授学生以至于工友，最感困难而没法解决的是吃饭问题。几个月来，每石米价（滇人叫斗为石）由二十元涨至六十余元，膳费每月六元涨至十八元，而且有与日俱增之势。此中苦况，实难言矣。

联大读书风气，自来很盛，现只有新校舍能容五六百人的图书馆一所，日夜满座。此外有杂志阅览室和理学院、专门期刊阅览室各一处，亦时告人满。惜乎这类阅览室，晚上停开，同学们在夕阳以后，不期而然的将大西门外龙翔街的八处茶馆,权作自修室,为占一席光明之地,每碗苦茶,虽值国币一毛,在所不惜。

◇(一九四五年四月)联大梅校长贻琦离校将近两月,业于月中返校,随即召集全体同学训话,对四月十一日发表之《西南联大全体同学对国是的意见》,尤多规勉。

◇联大壁报联合会,又告成立,并已申请学校备案,定于十八日起,在两周内征求新会员,凡已完成登记手续之壁报,均能参加。

◇联大各壁报,内容极为新颖,全系同学研究心得,作学术上公开自由之探讨,颇引起校内外人士注意。

◇联大同学,对于学术或集体行动之讨论,极为民主,遇有问题相左时,常用大字公诸众议,取得绝大多数之拥护,以作最后决定。

◇联大从军青年三百余人,均在印度某地集训,最近由该处同学会来函称:工作紧张,行动绝对纪律,生活甚佳,体力渐增,每为友邦人士称颂。

◇物价暴涨,同学伙食不堪其苦,幸自本月份起,公费增加,同学无不称庆。

◇本月廿七日,为清华大学校庆,在昆校友定是日午后,在西仓坡清华办事处举行茶会纪念。

◇南院女同学不再沉默了,女同学会主办的《南苑》壁报已出版,材料丰富,立论针对现实,她们指出了许多缺点——冷漠、消沉、松懈、颓废和个人主义,——一致提出要克服弱点的呼声——让我们自己到现实里去,让我们生活在一起,共同批判,共同学习。

◇女同学会学术股主办,妇女问题座谈会,参加人数极众,讨论至为热烈,会场空气始终紧张。

◇历史系教授邵循正、孙毓棠两先生,及哲学系教授沈有鼎、洪谦两先生,均将赴牛津讲学。据称,赴该校汉学部任教,主要目的将为牛津建一充实的汉学研究中心。

◇在壁报联合版的呼吁中,指出了联大自身的优点:①自由精神;②高度的政治热情。缺点:①可怕的沉静;②老死不相往来;③小圈子主义。更提出了当前的任务:①消灭本身无组织的状态;②加强同学的团结;③鼓励并督导自治会为全体而努力。

◇"五四"在联大向不放松,此次尤其热烈,筹备将近两月,自四月三十日起至五月六日止,定为"五四周",预定节目有科学晚会、音乐晚会、诗歌朗诵晚会、青年运动与民主运动座谈会、球类比赛、火炬竞走、全校同学大聚餐、营火会、画展、电影、文艺晚会、剧艺晚会,活泼的情绪,在每一个同学的内心燃烧。(其中音乐晚会与剧艺晚会,由联大、云大、中法、英专联合主办)

◇(一九四五年)五月七日起,各学校机关均遵夏季时间工作，联大原为每晨七时上课，今又提早一小时，更见朝气蓬勃。

◇学生自治会主办之业余补习学校，招收职业及失学的男女青年，分高初级两班，不收费用，供给书籍，并于学期结束时，成绩优良者分别奖励，定于五月二十五日开课，业已开始报名，注册学生非常踊跃，可见一般对求学之心切。

◇学生自治会，为应同学需要，代购原野剧社演出的《天罗地网》戏券，可有八折优待。

◇学校附近，叮叮糖担日增，同学饭后散步，手执麦芽糖一块，已呈普遍现象，有称此为战时学生之高级享受。

◇翠湖距校咫尺，荷叶新绽，水草新绿，三三两两的男女同学，很多交臂而过，暮色苍茫中，尤多喁喁情语。

◇昆市伙食，一般每客均在万元以上，联大同学，仍能以不足三千元之贷金，维持六菜，闻者咸叹为奇迹。

◇训导处某股高级职员，诲人不倦，传授一大队弟子，始终不懈，对同学身体，助益不少，已造就高足不下两百余人。

◇本学期已过去大半，看看期考将近，同学无不及时加油，容五六百人之大阅览室，总是济济一堂，紧张□卉，暮春初夏，已万紫千红，茅屋柴扉中，推窗一望，颇能悦人身心。

◇校中最大教室在校舍之极南与极北各一所，上课下课奔波于此两教室之间者，不乏其人，尤以雨季降临以来，由南至北，须穿过两个园子、一道城墙两个广场，道路又黏又滑，诚有行不得也之叹。

◇雨季之前，就是风季，茅草之校舍，占总数十之六七，被风吹损者又十之四五，雨季降临后，修葺迟迟，晚间须撑伞睡觉者，大有人在。

◇自治会暑期工作已拟如次：（一）《联大通讯》第一期出版；（二）开办补习班；（三）投考同学服务工作等，均有详细计划及经费预算。

◇晚间业余补习班开办以来，每天实到学生甚多，其中识字班学生才属认真。

◇学生服务处举办之月光会，参加人数约五百余人，先由盟友表演歌唱、滑稽，约进一小时。据某同学所言，方阵舞中，熟识新友五十以上。

◇《联大投考指南》附有云大试题，将于六月中出版，已开始预约，八折优待。

◇美国哥伦比亚大学，新闻学院教授贝克尔先生，将于六月一日下午三时，与外文系四年级，及英语系四五年级，及其他系同学对于新闻事业有兴趣者或愿从事著作者，演讲及谈话。

选自《中央日报》一九四〇年九月十七日，一九四五年四月二十七日、五月七日、五月二十日及六月六日

// 华莱士在联大及其他

L.M

◇六月廿四日美副总统华莱士从重庆飞到昆明，廿五日下午由梅校委陪着参观联大。《流沙》、《潮汐》、《现实》、《文摘》七个壁报联合出了一个英文的《欢迎华莱士》特刊。上绘有华氏像，像的下面写着"欢迎一位眼光远大的民主使者华莱士先生，他激起了青年中国的民主信念"等字样。该特刊一篇文章强调："我们欢迎华莱士先生，是为着华莱士先生能带给我们民主的象征。"在壁报另一篇文章里，有一句话说："我们愿意告诉美国朋友们，我们已经决心和任何一种法西斯及敌人奋斗到底……"听说拉铁摩尔先生把这些都抄在他的手册里了。

◇参观联大完了以后，华莱士先生在云大礼堂对昆市各大学的员生作三十分钟的讲演，他说："真正民主的中国是将来世界和平的基石，而目前的中国也只有实行民主才能集中一切人力、物力，争取胜利。"

◇联大的壁报热随着雨季的来临渐渐地走上"下坡路"，唯一的原因是：训导处无缘无故来了个"壁报审查制度"。规定：一个壁报的创刊，要先向训导处登记，由同学一人负责任，并得一位教授作导师，而且一篇文章的刊出，必须署作者的真姓名；一般同学最感头痛的，当然是最后一项。自该布告公布以后，引起同学普遍的不满，现在许多同学，正要求学生自治会向训导长办交涉中。

◇从廿八日起，学校里就最近三个月的暑假，但两三天内，有家可归，而又能归的同学，已纷纷作归家行，生活无着的一大部分同学，总是为找"兼差"忙；而生活优裕闲得可以的同学，就作"阵地战"过后的休养生息。

◇图书馆门前围得牢牢的，寝室里也静寂得可以，茶馆里玩"桥牌"的却增多了。

◇联大同学的饮食费，已增到每月一千二百元，日前教部吴司长俊升，来校视察，还特地亲身到各膳堂巡视一周，据事后发表谈话说："联大学生的伙食并不算顶坏，只是膳费和贷金数目差得远了一点。"他还给同学预开支票说："要向教部呈请增加贷金。"（按：联大五月份贷金是六六四元。）

寄自六·卅

选自《新华日报》一九四四年七月十一日

// 昆明联大学生动态

Mrs.Rose Terlin

昆明的西南联合大学是由南开、清华、北京等大学联合创办的，我发现这批学生，都在很艰苦的环境中生活和工作着。有一处宿舍，隔有六间大小适中的卧室，里面睡了二十四位女生。本来每一间卧室只能睡两个人，可是现在却睡了二十四个人。她们的床，都挨着墙壁排着，是一种叠梯形的床铺，她们把自己所有的东西，都放在床上或脸盆内。走遍大学的内部，找不到电灯和自来水。图书室和实验室要开放到半夜才停止，这样才能让大批学生轮流去阅读或实验。晚上读书是用火油灯。那里现在正缺少科学仪器，尤其是显微镜。

因为学生在这样困苦的环境中生活读书，所以他们非常的热情。从他们的目光中看来，觉得中国各地的封建势力，正在一天天消灭，而新的活力，却在一天天地滋长着。政府在加紧建设和教育民众。云南执政者已宣布了改善农民的纳税制度。无论什么地方，工厂蓬勃地兴起，公路和铁路也在建设中，新的资源已被搜寻而开发了。学生们都加紧工夫读书。因为要补上先前流亡时的学业，非但自己如此，而且还担任着民众教育的职务。他们忙中偷闲地跑到民间去教一般不识字的人读书写字，他们还组织戏剧班，和参加各种活动。

选自《国际月刊》一九三九年第一卷第二期

// 昆明联大二三事

佚 名

昆明前西南联大植有奇花一种名"三民主义花",花分四层,一枝上具有青白红三色,在植物学上尚属新发现之品种。

沈从文追述西南联大教授在昆明时的经济窘况:"我在联大曾自行担水,梅贻琦补绽袜子,而其夫人蒸蛋糕出售帮家用。"

清华大学文学院长冯友兰在北平报:"党派应当在学校停止活动,大学教育之目的是在使学生'思想清楚自由判断'。清华的特点是在能配合中西,闻一多先生就是一个代表,可惜死者不能复生……今天中国可有第三种人,但第三种党则不能存在。所谓第三种人,就是不在国共双方的党籍,而其思想或同情国民党或同情共产党,而不受限制。如组织政党,无论如何也是说不圆,不可能有一套完整的理论。"

选自《上海文化》一九四六年第九期

// 今日的昆明

张希龄

刚蜕去村姑气习，披上现代化的外衣的昆明，他半闭着惺忪的眼，让投机的暴发户们玩弄，物价高压重重地压在了他的身上，恶棍们却在践踏着他，跳着纸醉金迷的舞，对于高压下的呻吟呼喊，置若罔闻。

昆明！在以往他的确是一个朴实而富有情调，宛如村姑般的美德和仪表。如今，由于抗战的关系竟使他变成了西南大陆上的上海。不是么？当你傍晚走过正义路或金碧路时，会使你看到如潮水一般的行人听到震耳欲聋的叫嚷声。在咖啡店或餐厅里可以碰到挥金如土的阔佬们，在高楼大厦之洋楼下，听到商女的弦歌声。然而当你走过大南城脚，或永宁公坡时，相反的却会使你遇到三三五五饥寒交迫的乞儿，在各机关门口会使你碰到米价高压下衣服褴褛的小公务员们。换一个镜头，在南屏或昆明戏院门口，又可以看到黑压压、攻城式的购票勇士。昆明现在有五个电影院和四个戏院，但你如想看戏，戏票却不怎样容易买到，另方面卖公米的地方也是一如南屏昆明戏院卖票一样的拥挤。

　　再换一个角度，在大学里的青年学生和教授先生们，他们却穿着"无底"牌的鞋袜，过着素食的"佛家"生活。尽管教授的儿女没有衣服，然而教授太太却不得不替有钱人的子女夜以继日的缝织，就这样，他们和她们仍是咬紧牙关的在苦干、硬干！因为他们和她们深深认识目前的苦，是不会永久存在的。因之，从飞机上运来的名贵化装品，他就只有让暴发户们的太太小姐们去享受了。

选自《大观楼旬刊》一九四三年一月二十日第一卷第二期

// 大学教育在昆明

民革社

在不久的将来,云南将成为中国的大学区。现在,在云南的大学有最近改为国立的云南大学,由清华、北京、南开组成的西南联合大学。这些大学现在采用的课程还是战前的。

许多人要求采用非常时期教育,要求废除战前的制度,但是一些专家们却要保持从前的制度,只增加或改变一些课程。他们的理由是要抗日同时要建国,所以现在的大学教育的责任还要一方面培养适应目前需要的人才,同时还要不断的产生将来建国的分子。因为要抗日,并不是空嚷就行,我们得有相当的学问拿出来,我们得有学问技能来应付我们的责任。对于一个受完高中教育的青年,国家不止希望他能尽一个(兵)所应尽的力,他应更贡献多一点力量给国家。所以国家希望一部份青年,动员到前线去,一部份留在后方求取智识,然后将他所得的还给国家。这是论战的一个结论。

据现在看来，这种主张也确有他的好处。好像现在兴建的滇缅铁路、叙昆铁路，这回抗日而又是建国的一种工作。

这里的西南联合大学现正在想法使学生们获得抗战中的特殊技能，而又同时有基本的训练。好比他们的电机工程系四年级生除了必修无线电原理外，还要读实用无线电，这包括电码收发机的制成，而注重的是训练手工，原理大可不理。这样当他读完这课程时，他们将会制造架设三四百里的通讯机。他们自己更要兼收发员，而他们还可以将这种手工传给一个中学青年，使他们也有这种技能。即是说在一个游击支队或任何一个小部队有了一位曾受过这种训练的人，他们就可以和其他的地方通讯自如了。但我们知道一架三四百里的通讯机，可由一个人用手工制成。但一架和欧美诸国通讯的无线电机，就非一个人的能力所能架设管理，他需要更专门的智识。

单就电机工程也还不够，他还要天文学家、机械工程师来帮忙。所以非常时期的速成训练，决不能代替了科学的基本训练，这是现在昆明的所能见到的大学教育原则。在不久以后，浙江、同济大学、中正医学院都要迁到云南来，他们的教育方针，当然也不出这个原则吧。

选自加拿大《大汉公报》一九三九年二月廿二日、廿三日

// 西南联大要搬家了

俞 冬

自从放了爆竹以后,(这是昆明人常说的一句话,言谈之中,大有将代替"自从抗战以来"之势。)西南联大就闹着要搬家回北平。今年一月间,梅贻琦常委以清华大学校长的资格,回去北平,看过一次清华园。北大的陈雪屏和郑天挺,(陈是联大师院教育系主任,郑是联大总务长)为了北大复校的事,后来也到了北平。陈主任在四月中回到了昆明,但是因为身在北平临大补习班主任之职,最近还要回去。南开大学也不示弱,天津市的教育局长黄钰生就是南大的教务长,趁去岁赴津就职之便,也就在天津布置了一下南大复校的事。西南联大要复员了,这也就是说,北大、清华和南开自二十八年结合到现在,又要分家了。

提起了搬家,联大这两千多学生,另外还有教授、教职员家属和千余吨的图书仪器,在目前的这种交通情况之下,不是一件轻而易举的事。为了这件大事，学校当局特别组织了一个迁校委员会，主委是清华物理系教授霍秉权。委员会在今年年初曾派过李继侗、张印堂两位教授到滇南去勘测了一下滇越路，以便采取由河内走海道赴沪。据回来的报告说："此路难行！"接着又计划出了几条路：昆明到衡阳转汉口赴上海转平津，昆明赴梧州转广州乘船到上海，再转平津，空运直飞平津，但是路虽有，车少船少飞机更少，结果还是一筹莫展。

在教授会议席上讨论过多少次迁校，又经过专家们讨论了多少次，于是想出来了一个办法：化整为零，要走的先登记，分批送到长沙和梧州，车票照义民返乡的办法，公路总局半价优待。学校方面，凡是本学期在籍的学生，每人路费十五万，另外提前发给三个月贷金三万余元，并且告诉学生说：十月十号在北平上课。这些路费，为那些"有办法"的学生们是多余，为那些"没办法"的学生根本不够，第一期登记的学生已经有七百四十多人，到长沙的比去梧州的多，学校在五月一日大考就已经完毕，五月二日第一批学生二百余人就由昆明到长沙去了。

学生们见面就互问："什么时候走？"有的兴高采烈，但是大多数的学生们对于北方破碎的校园，破碎的家和漫漫的旅途有无限茫茫之感。

（五月二日寄自昆明）

选自《周播》一九四六年第九期

再见，昆明（节选）

小 鱼

别了昆明

这八年飘流中，有六年客居在昆明。不管生活是如何的困苦，如何遭受敌人飞机疯狂的轰炸，但内心一直是安定的，服贴的，甚至是愉快的。那的确是个美丽可爱的山城，人民诚朴，物产丰富，为这次战争献出过重大的力量。北大、清华、南开三大学于二十七年的春天，从长沙迁移到这里，组成西南联合大学，便于艰苦奋斗中，渐渐生长得丰满健壮起来。我们深深的喜爱这片环境，数年来如同一日。

可是，自从胜利之后，流浪人心情就不同了。不论先生与学生，公务员或小贩，都是急急的要归去，似乎把地方上的感情，丢个一干二净，一刻儿也不不愿多停。于是，街市上地摊充斥，都是外乡人在拍卖着自己的破旧衣物，我们一望而知，她们不是这行来头，往往是东西不曾卖出去，却被小偷儿牵了去，日暮归来，只落得丈夫周身疲劳，太太怨声载道。虽如此，第二天那些教授太太、孩子们仍是照旧的前去，人丛里，熙熙攘攘，尽是谈论些自己家乡的好处，或是互相探问着行期，或是称羡着某家某家于昨天动了身，某家某家包定飞机飞上海。仿佛昆明，这八年患难的朋友，有什么地方得罪了他们，再也不能把他们留住。

然而，当自己爬上飞机，行将离去的时候，却不禁对这山城又生出一股深深的恋情。滇池、西山依然是媚人的秀丽，水稻遍野，正放着醉人的清香。在震耳欲聋的马达声里，我默默的向她告别："再见吧，昆明！望你珍重！"心怀怪闷闷的，一双眼睛热辣辣的，好像别去一位情深的恋人。

行旅见闻

民国三十五年五月四日，西南联大宣告结束。那天有个隆重的结业典礼。梅、傅二位常委，对三校精诚团结始终不倦的精神，有一席慰勉的话。接着又向地方父老敬致八年协助感激之忱。同学们临别联欢，狂笑中却带着几分自身凄凉的情绪。"联大人"纷纷归去了，仅留下个高高纪念碑，并四个新冢，在那荒僻的北郊。

就从那时起，三校各自积极的展开工作复员。自己是属于北大部份的一员，便也匆忙的奔上北归旅程。本来，孙承谔师是约我同行的，后来见飞机票，人情多实在的难买，而且这时候孙师母也要走了，一人带一个孩子正好，于是劝我说："你还是坐汽车走吧，又能多带行李！"我低头一想，此策甚善，便赶快提着箱子去找运输行。

搭汽车，曾有过两万公里的经验，我并不畏惧。只是如今已经跑了五天三夜的航空公司，再打消这个坐飞机的念头，心里未免怪不舒服。因而五月十二日那天，我又跑到太和街中航公司去探问，不想有个偶然的机会，我竟可以走成了。记得当时正落着小雨，我仓忙赶回文林街去取行李，一路尽嫌洋车夫走得慢，正义路上石板道很滑，一面又担心他滑跌下去。

昆明洋车夫，没有快跑的习惯（后来，我发现北平的车夫，因有三轮车和他竞争也变得如此），你催他快走，他就当作不听见。我心中急，又说："拉快点好不好！多给你钱。"谁想他却放下车把站住了，一面气愤愤的："我不拉了，我不拉了。"说着便把我和我的行李一齐拥在马路当中。赶路的人无意和他计较，急忙换车再行，差一点儿误了时刻。

十二点三刻，我们从此昆明机场起飞，先掠过西山腰间一片丛林，又在湖水上空绕个半圆，便一直的向东北航行。斯时雨过天青，长空如洗，阳光从一旁斜射进来，十分清新，依窗下望，沿路景物均历历在目。云贵一带山岭多是荒芜不堪，半红半紫秃秃的不见树木。荒山中，若偶而有几片绿色，那附近就定能发现几处人家。有的农家，正在收割着作物，那操作情形也能见个大概，茅屋，耕牛，人体都小得如同玩具一般。

行旅中的同伴是特别容易熟悉的。同行的有位 M 先生，是南开大学派往天津筹备复校的。这位矮矮胖胖的先生，广见闻而健谈，一路解除我们不少寂寞。然而在平稳进行中，坐机忽然颠簸起来，接着就突然的沉下，又突然的浮起，如此三五次，很多人面色变成惨白，有的抑止不住，就大大的呕吐，我感到晕头涨脑很不舒服，赶紧靠住坐位，不敢动弹，眼睛微闭着，尽去冥索些美丽的幻想。这时，M 先生用双手作个喇叭，凑在我耳根说："Air buld，Air buld。""进入川境了，每经这里都是如此的！""我来回四趟都是如此的。"他似乎没有感到什么痛苦，再看看四周的人，如此狼狈。又连说："哼，中国人的身体，中国人的身体！"

　　好容易挨过这半小时，才远远看到一股巨流，这长河好像一条巨蟒，从西天蜿蜒而来，群山中早闪起条条白光。据 M 先生的经验，我们已离重庆不远，那条水流就是长江。果然不错，我们的飞机稍稍转个角度，便沿江东飞，不一刻功夫，那烟囱林立，洋楼拥挤的战时首都已在望了。

　　节选自《北大化讯》一九四六年九月一日第十六期，原题"北归"。原文中尚有"留渝一日""三过秦岭""新乡一瞥""回到故都"等节，兹从略

// 迎北方之子
——献给西南联大朋友

李紫尼

七月,故国天蓝如海……

你们从西南高原上,那温馨的摇篮里回来了;那地方花香缭绕,四季皆春,昆明湖的水,终年映照你们红润的面颊,黄昏的时候,你们湖畔低徊,吟几句战斗的诗,唱两支短歌,让湖水温润你们八年心怀的创痕,那么悠静,那么美好,那么值得热恋的地方,你们终于回来了!回到北方,回到故国的乡土上,从空中,从海上,从陆地……你们采撷五月的榴花,迎着六月的风雨,看七月抗战圣地上,竖起八年苦战的纪念碑,你们站在永定河边,对着万千烈士的忠魂,默默的祷告:"我平安回来了!"

是的,你回来了,因为你们是北方之子,北方也在多难;你们当然没有"乡音无改鬓毛衰"的感觉。因为你们正年轻,年青人的热情，总是溢满了全身，也许在遥远的西南，你们每个人，都留下了一个歌泣的故事，或是一个神往的梦境……在漫长的旅途上，斜倚车厢，漫步甲板，或是陷在螺旋声里，你们会遥忆起留在湖畔上的恋情，正是你们想忘记而又不忍遗忘的残痕，轻郁郁的，在你们多感的心坎里，那清液的源泉，漾起无数涟漪！真是的，天涯何处无芳草，也许你们会下意识的吟两句：

  我走遍茫茫的天涯路，

  我望断遥远的雾和树……

  你们回来了，还记得走的时候，离故都，奔长沙，更远入黔粤，直达西南高原的峰顶，一路上你们颠沛流离，自负行装，跋涉前往，受敌人的轰炸，受疾病的灾害，受疫疠的死亡……你们终于是奔向那蓝色的湖畔了。许多人都说你们去找寻湖畔蓝色的梦，果然你们在那儿静静的打开书来，做了湖畔梦中的主人。

  如今你们学成归来了，看北国的天空，阴霾四布，复员声里，一片流民图常常从乡土的原野上，又响起一串恼人的枪声……就是运河古城巍巍宫殿，绿瓦红墙，湖水的激波，玉泉的塔影，感着情景如前，心境也不同了。我们已失去童年的欢情，看战后中国，百孔千疮，谁来弥补呢？看八年旧都，一片郁闷的暮气，谁来使他们年青呢？

  朋友，一切都期待着你们了！

选自《华北日报》一九四六年七月十二日